인생은 거울과 같으니,
비친 것을 밖에서 들여다보기 보다
먼저 자신의 내면을 살펴야 한다.

월리 '페이머스' 아모스
Wally 'Famous' Amos

마흔의

마
음
학

마흔의 마음학

더 늦기 전에
깨달아야 할 것들

마음학

최영인

지식인하우스

마흔의 마음에는
두 번째 사춘기가
찾아온다

◇◇◇◇◇◇◇◇◇◇ 두려웠다. 숨을 곳이 없었다. 마흔이 넘으면 당연히 어른이 될 줄 알았는데, 그렇지 않아서였다. 20대에도, 30대에도, 40대에 와서도 나는 여전히 삶이 서툴고 어렵다. 조금 알까 싶으면 한층 더 어려워졌고, 안정적인 줄 알았던 지면이 흔들리기도 했다.

양궁 선수들은 활을 쏠 때 과녁보다 자신에게 집중한다고 한다. 호흡과 팔과 다리의 근육이 연습할 때와 같은 느낌인지 살피기 위해서다. 몸이 흔들린다면 활은 결국 과녁을 벗어난다. 버거운 순간에 마음을 지켜야 하는 것도 이와 같은 이치다. 이 책은 인생을 다 알 것 같던 때 뜬금없이 찾아온 불행들을 이유도 모르고 견뎌야 했을 때 시작됐다.

　'나'는 오랜 세월 함께 했던 가족, 친구, 스쳐 지나간 사람들의 흔적의 집합체다. 그들의 말투와 표정, 제스처가 나도 모르는 사이 물감처럼 마음속에 배어 있다. 관계를 통해 단단해지고 관계 속에서 존재를 확인한다. 삶에서 관계가 차지하는 비중이 이토록 큰 것은 두렵고 버거운 일이지만 '나'를 찾으려면 용기 내어 그 안을 들여다보아야 한다.

　젊었을 때는 풍경의 도드라진 부분이 되고 싶었다. 하지만 이제는 도드라지고 튀어나온 부분이 그림을 망친다는 것을 안다. 삶의 풍경도 마찬가지다. 도드라지지 않아도 된다. 당신은 이미 충분히 괜찮은 사람이므로. 다시 오지 않을 두 번째 사춘기를 홀로 견디는 중인 이들에게 이 책이 희미한 이정표 역할이나마 할 수 있다면 좋겠다. ◆◇◆

흔들려도 괜찮은 마흔을 위하여
최영인

2

가족에 대하여

마흔이면,
가족과 싸울 일은
없을 줄 알았다

5

여유에 대하여

마흔이면,
우아한 인생을
시작할 줄 알았다

1

타인에 대하여

마흔이면,
다른 사람의 속마음 정도는
훤히 보일 줄 알았다

무수한 사람들 가운데
나와 뜻을 같이 할 사람이 한둘은 있을 것이다.
그것으로 충분하다.

로맹 롤랑
Romain Rolland

생명은

그 자체로

애틋하다

〰〰〰〰〰〰〰 생명체를 키우는 일에는 별로 소질이 없던 어머니 때문에, 어렸을 적 우리 집에는 흔한 화분 하나, 집 지키는 개 한 마리 없었다. 그때는 요즘과 달리 식용견이거나 방범견에 불과한 천덕꾸러기 신세였음도 개를 가까이 두고 기르지 않았던 이유 중 하나였다. 그러던 어느 날, 털이 하얗고 바둑알 같은 눈망울을 가진 복스러운 강아지가 보드라운 헝겊에 싸인 채 우리 집에 도착했다. 길고 하얀 속눈썹과 탐스럽고 윤기 흐르는 털은 족보가 불분명한 정체불명의 종이라는 뜻을 가진 '잡종'이라는 표현이 무색할 정도였다. 귀여운 외모에 걸맞은 몽실이라는 이름을 바로 붙여 주었다.

한 번도 개를 키워본 적이 없었기에 여린 생명체의 생경한 느낌이 낯설고 두려웠다. 따뜻하고 몰캉한 강아지의 살과 뼈가 살갗에 닿는 느낌은 생소하기만 했다. 작은 꼬물거림에도 화들짝 놀라며 안고 있던 몽실이를 바닥에 떨어뜨린 건 그래서였다. 몽실이는 집안을 헤집고 다니며 온갖 말썽을 피웠다. 아무 데나 똥오줌을 싸는 건 기본이었다. 호기심 천국이었던 몽실이에게 풀어도 풀어도 무궁무진한 두루마리 휴지를 비롯한 우리 집은 그 자체로 거대한 장난감 왕국이었다. 덕분에 가족들의 소지품이 사라져 집안이 발칵 뒤집어지는 일이 속출했다. 시도 때도 없이 꼬리를 치고 달려드는 통에 성가시기도 했지만 무언가를 요청하는 듯한 그 선한 눈빛을 차마 외면할 수가 없었다. 거부할 수 없는 매력의 몽실이는 보는 이를 그 자리에서 무장 해제시켜 버렸고, 어느새 몽실이에게 마음의 곁을 모두 내어 준 나를 발견할 수 있었다.

어린 시절 몇 년간 가족으로 지냈던 몽실이는 사정이 생겨 결국 다른 집으로 보내게 되었다. 몽실이를 떠나보내던 날, 내 속 어디에 그렇게 많은 눈물이 있었는지 신기할 정도로 펑펑 울었다. 이별 후에도 몽실이의 동그랗고 선한 눈망울이 떠오를 때면 가슴 한쪽에 묵직한 통증이 느껴졌다. 동물과의 관계 역시 사람과 별반 다르지 않다는 것을 그때 아프게 깨달았다.

반려동물 한두 마리 키우지 않는 집이 없을 정도로 개 혹은 고양이와의 동거가 더 이상 낯선 일이 아닌 세상이 되었다. 1인 가정이 늘고 자녀들과도 오랜 유대 관계를 이어가기 쉽지 않은 세상에서 반려동물은, 외로움과 공허를 채워 줄 좋은 친구임에 틀림없다. 각종 SNS에는 반려동물과 함께하는 일상이나, 발랄하게 노는 반려동물 옆에서 흐뭇하게 엄마 미소를 짓고 있는 주인의 모습이 심심찮게 올라온다. 관련 영상이 엄청난 조회 수를 기록하는 것은 반려동물에 대한 사람들의 뜨거운 관심에 대한 방증이기도 하다.

하지만 살아 있는 생명체를 키운다는 건 품이 많이 드는 일이다. 육체적인 노동뿐만 아니라 정서적으로도 깊은 사랑과 관심을 기울여야 한다. 밥 주고 재워 주는 것만으로는 제대로 키운다고 말하기 힘들다. 반려동물을 키우는 수고로움을 감내할 자신이 없었던 나는 애당초 개나 고양이를 키울 마음을 먹지 않았다. 특히 결혼 후에는 세 아이 육아에 지쳐 작은 화분 하나도 부담스러울 정도였다. 어떤 생명체에게도 관심을 가질 만한 여력이 없었다.

농림축산검역본부의 2018년 반려동물 보호와 복지관리 실태조사 통계에 따르면, 2018년 한 해 동안 발생한 유기 동물은 모두 12만 1,077마리라고 한다. 한 달에 1만 마리 이상 이 버려지는 셈이다. 특히 명절이면 버려지는 반려견이 급증 한다고 한다. 사람들은 사랑이란 단어를 시도 때도 없이 내 뱉지만 정작 자신들의 필요에 의해 쉽게 생명을 유기하기도 한다. 주인에게 버림받은 동물은 사람과 마찬가지로 심각한 후유증을 겪고, 새로운 주인을 찾아도 쉽게 마음을 열지 않 는다고 한다. 동물의 마음이라고 사람과 다른 게 아니다. 상 처도 받고, 똑같이 마음도 다친다. 한 번 쓰고 가볍게 버리는 일회용품처럼 너무 쉽게 폐기 처분되는 그들의 사랑도 '사 랑'이란 이름을 붙일 수 있을까?

정유정 작가는 어느 날 밤, 누군가 유튜브에 올린 돼지 생 매장 동영상을 보게 되었다. 자신들의 운명을 직감한 듯 살 려 달라 날뛰고 울부짖는 돼지들의 울음소리와 비명이 가득 했다. 이렇게 산 채로 땅에 묻힌 가축들의 울음소리는 다음 날 아침까지도 지상으로 울려 퍼졌다고 한다. 이 밤 이후로 작가의 머릿속에는 죽어 가던 돼지들의 비명과 함께 질문 하나가 자리 잡았다. '만약 소나 돼지가 아닌 반려동물, 이를 테면 개와 인간 사이에 구제역보다 더 치명적인 인수 공통 전염병이 돈다는 어떤 일이 일어날까?' 이 질문에 대해 작가는, 인간은 반려동물에게도 가축에게 했던 짓과 똑같은 짓을 할 것이라는 암울한 대답을 내놓았다. 소설 『28』이 잉태된 배경이다.

소설은 서울 인근의 소도시 화양을 무대로 하여, 개와 사람의 눈이 빨갛게 변하는 인수 공통 전염병이 창궐하며 벌어지는 이야기다. 병의 진행 속도는 무척이나 빨라 개와 사람이 무더기로 죽어 나가고 화양시는 말 그대로 생지옥이 된다. 언제 나를 죽일지도 모르는 정체불명의 전염병은 공포 그 자체다. 전염병의 매개체로 지목된 개는 더 이상 희로애락을 함께 나누던 반려견이 아니라 무시무시한 공포의 대상이자 공공의 적으로 전락한다.

작가는 아수라장으로 변해 버린 화양시에서 충돌하는 인간 군상을 냉정한 시선으로 응시한다. 전염병의 숙주로 개과 동물이 의심되자 모든 개를 무자비하게 생매장하는 장면은 구제역 파동, 조류인플루엔자, 돼지열병이 유행할 때의 현실과 다르지 않았다. 그 속에서 우리는 인간성의 어두운 심연과 마주하게 된다. 엄연히 생태계의 한 구성원임에도 불구하고, 인간에 의해 '악'으로 규정된 이상 그 생명체에게 닥친 운명은 무자비한 폭력과 무차별적인 살상뿐이었다. 반려 운운하며 목소리를 높이던 모습과는 영 딴판이다. 개과 동물의 씨를 말리는데 혈안이 된 인간의 독선은 점점 도를 넘어선다. 이중적인 모습, 양심 부재의 화양시는 우리의 부끄러운 민낯이었다. 오직 인간을 위한, 인간에 의한, 인간의 삶만이 중심에 있을 뿐. 다른 생명체의 삶과 존엄에 대한 관심은 잊혀진 도시 화양과 함께 매장되었다.

소설 『28』은 편견과 선동에 휩쓸려 개들을 혐오 대상으로 낙인찍은 후 헌신짝처럼 버린 개만도 못한 인간들의 이야기다. 이기심에 눈이 어두운 인간들은 그동안 개들과 맺었던 관계를 파기하고 스스로 짐승이 되었다. 인간이 아니라는 이유만으로 쉽게 악으로 규정하고 인간이 정한 경계선 밖으로 매몰차게 쫓아버리는 행위는 오히려 자신을 비인간화하는 아이러니에 빠지게 한다. 소설은 '개'라는 프리즘을 통해서 역으로 '인간다움'에 대해 냉정하게 묻는다.

인간은 필요에 의해, 대상을 가려 사랑을 주지만, 반려동물은 주인과 연을 맺었다는 이유 하나만으로 차별 없는 사랑을 준다. 이유를 묻지도, 재거나 따지지도 않는다. 살다 보면 '사랑한다' '미안하다' '고맙다' 등을 말로 표현해야 할 때가 있지만 괜히 낯간지럽고 부끄러운 생각이 들어 아끼게 된다. 하지만 반려동물은 다르다. 망설임이 없다. '너를 사랑해' '고마워'라는 감정을 그때그때 바로 표현한다. 꼬리를 치고 달려

들며 주인을 반기는 행위는 말하지 않아도 사랑임을 단번에 알 수 있다.

　어린 시절 몽실이라는 작은 생명을 기르며 낯선 존재를 받아들이는 법을 배웠다. 작은 강아지와 주고받은 사랑의 언어는 몸속에 각인되었고, 함께 울고 웃으며 뒹구는 동안 '종(種)'이라는 구별 없이 생명은 그 자체만으로 소중한 존재임을 깨달았다. 그렇게 받은 사랑으로 또 다른 생명을 키울 준비를 한다. 엄마가 되어 세 아이를 사랑으로 키운 힘의 1할 정도는 어쩌면 몽실이와의 관계 속에서 잉태된 사랑의 유전자 덕분인지 모른다. 생명이란, 살아 있음이란, 서로가 서로에게 존재를 빚지는 애틋함과 간절함의 다른 말이다. 생명은 그 자체로 소중하고 애틋하다. ◆◇◆

무의미의

반복이 만드는

의미

⬤

◇◇◇◇◇◇◇◇◇◇ 큰아이가 스페인에서 교환 학생으로 공부하고 있을 때, 하루가 멀다 하고 카톡이 울렸다. 내용인즉슨, 숙소 주인 할머니에 대한 불만이었다. 숙소가 있는 건물은 꽤 연세가 있는 자매 할머니가 공동 운영하고 있었다. 할머니들의 잔소리는 유럽이라고 다르지 않았던 모양이다. '욕실 깨끗하게 써라. 방 청소 제대로 해라. 식사 후에는 주방을 바로바로 치워라' 등 하루가 멀다 하고 이어지는 잔소리에 큰아이는 약이 바짝 올라 있었다. 평소 거의 잔소리를 하지 않는 엄마의 스타일에 익숙해 있던 터라 더 당황스러웠는지도 모른다. 딸의 심정을 이해하지 못하는 바는 아니었지만 은발의 할머니가 동양의 여학생에게 손주처럼 잔소리를 하는 장면이 떠

올라 웃음이 났다. 하지만 스페인을 떠날 때 두 할머니는 그동안의 잔소리가 무색하게 감동적인 멘트를 날려 아이의 눈물샘을 자극했다. "너는 아주 좋은 가정에서 예의 바르게 자란 것 같아. 다음에 스페인에 오면 꼭 다시 우리 집에서 묵었으면 좋겠어." 할머니들의 따뜻한 마음이 내 마음에까지 온기를 전해 주었다. 낯선 외모만큼이나 멀게 느껴지던 이방인의 삶도 사실은 우리와 크게 다르지 않음을 깨달은 순간이었다.

아이들과 함께 떠난 포르투갈의 리스본에서도 비슷한 감상을 느낄 수 있었다. 대부분 호텔에서 숙박을 해결했던 것과 달리 에어비앤비를 이용해 보기로 했다. 간접적으로나마 그 나라 사람들의 생활 방식을 체험해 보고 싶은 마음에서였다. 지금 생각해도 정말 잘한 결정이었다.

희붐한 새벽, 진한 커피 한 잔을 시작으로 리스본에서의 하루가 시작되었다. 하얀 나무창을 밀면 바로 거리가 내려다보이는 건물 2층이 우리의 숙소였다. 숙소 바로 옆에는 리스본 대성당이 있어서 매일 아침 맑은 성당의 종소리를 듣는 호사도 누릴 수 있었다. 이제는 리스본의 상징이 된 노란색 28번 트램이 지나가는 것을 바로 눈앞에서 볼 수 있다는 사실도 놀라웠다. 미세한 진동과 전차 특유의 소음이 멀리서 들려오기 시작하면 쏜살같이 창가로 뛰어간다. 장난꾸러기 어린아이처럼 창문으로 빼꼼히 고개를 내민 채 트램이 시야에서 사라질 때까지 넋을 놓고 바라보았다. 여행은 눈에 비친 세상 모든 장면을 신기하게 해 주었고, 트램 소리 하나에도 흥분하는 어린아이의 호기심으로 돌아가게 해 주었다.

미세 먼지 때문에 숨 한 번 제대로 못 쉬며 살다 보니 따뜻하고 맑은 공기를 마음껏 누릴 수 있는 사실 하나도 큰 행복으로 여겨졌다. 가슴을 크게 부풀려 신선한 공기를 폐 속 가득 집어넣었다. 공기는 언제나 우리에게 무한 리필을 허락했는데 이제 한국에서는 그마저도 여의치 않게 되었다. 슬픈 현실이 떠올라 잠시 우울해진다.

거리 이곳저곳에서 본격적인 아침의 시작을 알리는 징후를 만날 수 있다. 바쁘게 거리를 오가는 사람, 가게 문을 열기 위해 물건을 배치하고 청소를 시작하는 상점 주인, 막 뽑은 뜨거운 커피를 들고 기지개를 켜는 게으른 여행자에 이르기까지. 낯설고 호기심 천국이었던 여행지는 누군가에게는 익숙한 삶의 터전이자 평범하기 그지없는 노동의 현장이기도 했다. 리스본에서 5일을 머무는 동안 스쳐 지나간 다양한 풍경 가운데 한 장의 사진처럼 선명하게 남은 장면이 있었으니, 바로 군밤 장수다. 겨울이면 거리 곳곳에서 구워 파는 따뜻한 그 군밤 말이다.

숙소 창문으로 군밤 장수를 처음 발견한 이래, 눈만 뜨면 군밤 장수의 일거수일투족부터 살피는 것이 하루 일과가 되었다. 군밤 기계는 한국과는 다소 차이가 있다. 밤을 굽기 시작하면 연기가 제대로 배출되지 않아 주변이 검은 연기로 가득 찬다. 포르투갈 거리를 걷다가 자욱한 안개가 뭉글뭉글 피어오르는 듯한 장면이 눈에 들어오면 군밤 장수가 가까이 있다는 신호임을 알게 되었다. 허름한 잠바에 오로지 방한만이 유일한 목적인 듯한 털모자를 눌러 쓴 중년의 아저씨는 담배 한 대를 입에 문 채 장사 준비를 시작한다. 군밤 수레 주위를 분주하게 오가며 주변을 정리하고 불을 지핀다. 수레 옆의 낡고 큰 자루에는 밤이 한가득이다. 다른 가게 주인과 아침 인사도 나눈다. 매일 같은 시간에 똑같이 반복되는 일이었다.

일상은 어디나 비슷하다. 그 군밤 장수 역시 무한 반복되는 일상을 견디며 지난한 삶의 시간을 통과하고 있었다. 오랜 시간 밤을 굽고 돈을 벌어 가족을 먹여 살리고 하루분의 삶을 이어갔던 것이리라. 가슴이 뭉클했다. 아침마다 가게 문을 열고 야채와 과일을 보기 좋게 진열하는 청과물 가게 아줌마, 식욕을 자극하는 막 구운 빵을 바구니에 담아내는 인상 좋은 빵집 아저씨, 따끈한 군밤을 만들기 위해 거리 한 모퉁이를 바쁘게 오가는 중년의 군밤 장수는 한국의 모습과 다르지 않았다.

사는 모습은 어디서나 비슷하다. 무의미의 반복이 의미를 만들고, 지난한 시간을 견디는 동안 삶의 근육이 단단하게 차오르는 것 역시 리스본이라고 다르지 않았다. 딸이 머물렀던 스페인의 하숙집, 그리고 낯선 여행지에서 삶의 비밀 하나를 알게 되었다. ◆◇◆

남자와 여자는

●

개와 고양이만큼

다르다

◇◇◇◇◇◇◇◇◇◇ 개와 남자의 공통점에 대해 항간에 떠도는 이야기들이 있다. '털이 많고, 먹이를 일일이 챙겨 줘야 하며, 복잡한 말은 알아듣지 못하고, 시간 내서 놀아 줘야 하며, 버릇을 잘못 들이면 평생 고생한다' 등이다. 고양이와 여자의 공통점도 있다. '세수를 잘하고, 배고프면 혼자서 챙겨 먹으며, 낮보다 밤을 더 좋아하고, 열받으면 할퀸다'이다. 언제 들어도 웃음이 나는 건 일부 일리가 있기 때문이다. 결혼 이력이 만만치 않은 나이가 되었지만 여전히 남편은 내게 미지수 X다. 물론 남편에게도 나는 풀기 어려운 수수께끼일 테니 오십보백보라고 해야 하나.

이십 년 이상을 생판 남으로 살다가 어느 날 갑자기 부부가 되어 한 이불을 쓰게 되었다. 처음이라 애틋했고 사랑했기에 영원히 행복할 줄 알았다. 하지만 결혼은 사랑만으로 유지되는 환상이 아니었고, 생활이라는 복병 앞에서 매번 처참하게 깨졌다. 깨진 자리에는 상처가 남았다. 어떤 상처는 희미하게 남았지만 어떤 상처는 굵고 진한 흔적을 새겨 놓았다. 마치 나무의 나이테처럼 나이를 먹을수록 상처의 동심원도 하나씩 늘어갔다.

직장에서 속상한 일이 생겼다면 누구에게라도 털어놓고 위로받고 싶은 마음이 드는 게 인지상정이다. 남편은 '남의 편'이라고들 하지만 아직은 '내 편'이라고 믿는 순진한 나는 남편에게 가장 먼저 속내를 털어놓는다. 묵묵히 듣고 있던 남편은 말이 채 끝나기도 전에 훈계, 잔소리, 충고의 3종 세트를 들이밀었다. 내가 뭘 잘못했는지 꼼꼼히 체크해서 알려주었으며 직장에서 살아남는 법, 즉 '슬기로운 직장생활'에 대해서도 완벽하게 브리핑해 주었다. 나아가 "원래 직장은 다 그래."라는 보편성으로 깔끔하게 정리까지 해 주었다. 듣고 보니 구구절절 옳은 말이었다. 그런데 뭔가 이상했다. 기분이 나아져야 하는데 오히려 말을 꺼내기 전보다 더 나빠졌다. 가슴도 체한 것처럼 답답했다. 뭐가 잘못된 거지? '그 말은 하지 말았어야 했어. 대처 행동도 적절하지 않았어. 역시 나는 사회성이 부족해.' 내 잘못으로 간단하게 정리하고 자리를 떴지만 더부룩한 속은 좀체 나아지지 않았다. 주방에서 냉수 한 사발을 들이켜며 속을 달래야 했다.

한겨울의 어느 퇴근길, 갑자기 눈발이 날리기 시작했다. 눈은 낭만의 상징에서 달갑지 않은 불청객으로 전락한 지 오래였다. 그날은 오후부터 눈이 내리기 시작하더니 저녁 무렵 폭설로 변했다. 곳곳에서 차가 미끄러지는 사고가 속출했다. 바로 옆에서 멀쩡히 달리던 차가 갑자기 미끄러져서 한 바퀴 휙 도는가 하면 아예 운전을 포기한 차량도 곳곳에서 눈에 띄었다.

긴장으로 어깨에 잔뜩 힘이 들어갔고 목은 거북이처럼 오그라들었다. 한참만에야 집에서 가까운 사거리에 도착했다. 때마침 신호 대기에 딱 걸렸다. 거의 도착했다는 안도감에 몸에 힘을 풀려는 찰나, 얌전히 정차하고 있어야 할 차가 뒤에서 누가 밀기라도 한 것처럼 슬금슬금 미끄러지기 시작했다. 머릿속이 하얘졌다. 조금만 더 가면 앞차를 들이박을 기세였다. 사거리를 접하고 있는 도로는 살짝 내리막이었지만 평소에는 내리막임을 느끼지도 못할 정도로 미미한 경사였다. 하지만 눈이 오니 상황은 급변했다. 약간의 경사도 위험천만해졌고 우려하던 상상은 기어이 현실이 되고야 말았다.

당시는 후진 외에는 기어 변속에 대한 지식이 없었다. 평소에는 특별히 변속할 일이 없고 자동으로 해도 아무런 문제가 없었기 때문에 그 필요성에 대해서도 굳이 생각할 필요가 없었다. 사정이 이렇다 보니 눈 때문에 길이 미끄러울 경우 기어 변속을 해야 한다는 기본적인 사실조차 몰랐다. 경력만 오래되었지 위급 상황에는 전혀 대비가 되어 있지 않던 운전 무식자였다. 통제 불능 상태가 되었을 때 인간이 느끼는 감정은 공포와 무기력이다. '인간의 뇌'인 전두엽이 기능을 상실하고 '파충류의 뇌'인 뇌간만이 과도하게 활성화되기 때문이다. 공포로 우왕좌왕할 뿐 대책은 떠오르지 않고 머릿속은 석고처럼 하얗게 굳어 갔다.

일촉즉발의 위기 상황에서 가장 먼저 떠오르는 사람은 여지없이 남편이었다. 휴대폰을 열고 남편을 호출했다. 자초지종을 채 설명도 못한 상태에서 차는 계속 미끄러졌고, 무방비 상태로 "어떡해! 어떡해!"만 연발했다. 남편은 영문을 몰라 무슨 일이냐며 소리를 질렀다. 겨우 상황 설명을 하고 나니 기어를 변속하고 어쩌고 하는 말이 휴대폰 저편에서 아련하게 들려왔다. 그 순간, 하느님이 보우하사 신호가 바뀌었고 앞차와의 충돌은 간신히 면할 수 있었다. 하지만 은총은 딱 거기까지였다. 차는 좌회전을 하자마자 통제력을 잃어버리고 도로 옆 가벽을 그대로 들이박고 말았다. 거북이 속도 덕분에 다행히 충격은 별로 없었지만 긴장으로 인한 마음고생에다 사고까지 겹쳐 울음보가 터지기 일보 직전이었다. 결국 사고가 났다는 말을 전하자 남편은 다치지 않았냐고 되물었고, 침착하지만 건조한 어조로 보험 회사에 연락하라고 했다. 곧이어 바쁘니까 나중에 얘기하자면서 전화를 끊자는 것이 아닌가.

화가 나고 설움이 북받쳤다. "사람이 왜 그렇게 매정해?" 라는 말이 절로 나왔다. 아내가 이 정도로 패닉이 온 상황이라면 적어도 걱정하는 척이라도 해야 하는 게 아닌가? 하지만 남편은 이번에도 역시 믿음을 저버리지 않았다. "그럼 내가 어쩌라고?" 크고 당당한 목소리에 황당함을 넘어 슬픔이 밀려왔다. '나보고 어쩌라고,라니? 그럼 나는 어쩌라고?' 남편의 반응에 화가 폭발했다. "그럼 그렇지. 당신은 내 생각은 발톱 밑의 때만큼도 안 하지?" 이 말을 시작으로 다소 과격한 언어를 남발하고 일방적으로 전화를 끊어 버렸다. 가슴은 언제 터질지 모르는 화약고처럼 활활 타올랐다. 집으로 돌아온 후 부부 싸움 2탄이 시작되었고, 남편은 "당장 뛰어갈 수도 없고 할 수 있는 일도 없는데 무슨 말을 하겠어?"라는 이해 불가의 말만 반복했다.

남자는 '해결 지향적'이고 여자는 '관계 지향적'으로 사고한다. 이 사실을 머리로는 이미 잘 알고 있지만 실전에서는 매번 남편의 반응이 낯설고 이해가 안 된다. 문제가 생겼을 때 어떻게 풀어 가야 할지 해결 방법이 머릿속에서 먼저 돌아가는 사람은 많은 경우에서 남자다. 묘안이 떠오르면 바로 해결을 하면 되지만 그렇지 않을 경우 당황하게 된다. 그래서 마음과 달리 화를 내거나 딴소리를 하기도 한다.

여자는 좀 다르다. 많은 경우에서, 문제 상황이 생겼을 때 고민을 나누고 싶어 한다. 누군가가 내 말을 귀담아듣고 공감해 주기를 원한다. 해결은 결국 내 몫이라는 것 정도는 이미 알고 있기 때문에 해결책부터 들이밀면 마음이 상한다. 공감받고 위로받으면 언제 그랬냐는 듯이 감정의 파고가 가라앉고, 그 후 차분하게 해결책을 모색하는 게 여자다.

위기 상황에서 고군분투 하느라 힘들었던 마음을 위로받고 싶었지만 냉랭하기 그지없는 남편의 사무적인 말투에 상처 받은 나. 당장 문제를 해결할 수 없는 상황에서 당황스러운 마음이 무미건조한 말로 표출된 남편. 우리 부부의 소통

불능의 원인이었다. 이 사건 외에도 부부 싸움을 하는 이유의 근원에는 언제나 이 같은 문제가 도사리고 있었다. 세월이 흐르고 상대방의 성性을 이해하기 위해 노력하면서 싸움의 횟수는 현저히 줄었다. 하지만 남편도 나도 근본적으로 변한 건 없다. 예전에는 서로의 다름과 차이를 이해하지 못했거나 이해하려고 하지 않았다. 하지만 이제는 그 차이를 인정하고 받아들인다는 게 비결이라면 비결이다. 사람은 쉽게 변하지 않는다. 하물며 오랜 진화의 산물인 생물학적인 특성이라면 더 말해 무엇하겠는가?

심리학자 칼 로저스Carl Rogers는 상담에서 '공감'의 중요성을 강조한 사람이다. 내담자의 행동을 변화시키려 하기보다는 상대를 있는 그대로 인정해 주고 공감해 주었을 때 변화가 일어난다고 강조했다. 결국 다름을 인정하고 받아들이는 것이 서로 다른 종이 소통하고 함께 어우러져 살아갈 수 있는 지혜가 아닐까.

개와 고양이는 종이 다르다. 그럼에도 불구하고 한 지붕 아래서 아름답게 공존하는 모습을 심심찮게 볼 수 있다. 남자와 여자도 마찬가지다. 금성과 화성에서 온 서로 다른 종이지만 행복한 공존은 언제든지 가능하다. ◆◇◆

900일간의

폭풍이

지나가면

◇◇◇◇◇◇◇◇◇◇ 책과 노트북을 챙겨서 근처 카페에 자리를 잡았다. 동네 카페에는 친구, 직장 동료, 학부모 모임을 가장한 친목 도모 등 다양한 목적을 가진 사람들로 북적인다. 드물게 부부 둘만이 카페를 찾는 경우도 있다. 옆자리에 50대 후반으로 보이는 부부가 자리를 잡았다. 부부라고 단정 지은 이유는 오랜 세월 서로에게 익숙해진 사람들 특유의 무덤덤함이 온몸에 배어 있어서였다. 호기심이 동해 자꾸만 눈길이 갔다. 두 사람은 자리를 잡은 뒤 주문을 하기 위해 자리를 떴다. 잠시 후 커피와 빵 몇 개를 챙겨서 왔다. 그때까지 대화는 단 한 마디도 없었다. 이어서 커피를 마시고 빵을 먹기 시작했지만 여전히 말 한마디 하지 않았다. 분명 몸은 한 공간에

있지만 마음은 각기 다른 세상에 있는 듯, 마치 내 앞에 사람이 없다는 듯 먹는 행위에만 집중했다. 만나도 만나지 않은 상태, 연결되어 있어도 고독한 상태로 각자 묵언 수행을 이어 갔다. 10여 분의 시간이 흐른 뒤, 말없이 빵만 먹던 부부는 "이제 그만 가자."는 단 한마디와 함께 자리를 뜨고 말았다. 웃음이 났지만 곧이어 씁쓸한 기분이 들었다. 웃프다는 말은 이럴 때 쓰는 말인지도 모른다.

칼릴 지브란Kahlil Gibran은 「분리되어 있음의 지혜」에서, 부부 사이에는 빈 공간을 두어서 그 사이에서 하늘의 바람이 춤추도록 해야 한다고 했다. 적당한 거리가 있어야 나무가 잘 자라듯, 부부 사이에도 적절한 거리와 심리적 빈 공간이 필요함을 일깨우는 말이다. 하지만 관계의 권태기에 접어든 부부에게는 이 말이 와 닿지 않는다. 부부 사이의 빈 공간은 이제 너무 넓어져서 시베리아의 칼바람이 쉼 없이 몰아치고 있다. 자신의 세계만 채우기에 바빠 상대방의 세계에 대해서는 관심조차 없어진다.

몇 번의 강산이 바뀌는 세월을 함께하다 보면 소설가 정이현의 말대로 '대화가 없어도, 음악이 없어도, 라디오 소리가 없어도, 사랑이 없어도, 세상 모든 소리와 빛이 사그라진 곳에서도 어색하지 않은 관계'가 부부라는 표현이 어울리는 때가 온다. 더 이상 간절하지도, 어색하지도 않은 상태가 된 부부의 모습은 욕망 대신 수십 년의 관성으로 유지되는 메마른 관계의 민낯을 여실히 보여 주는 듯하다. 한때 자석처럼 강하게 서로를 끌어당겼던 낭만적인 '연인'들은 남루하고 구체적인 생활의 냄새가 잔뜩 묻은 '현실 부부'로 바뀌었다.

세월이라 불리는 단어에 값하는 숱한 삶의 풍경이 어지럽게 쌓여 가는 동안 눈에 씐 콩깍지가 떨어져 나가고 현실의 그, 혹은 그녀를 마주하게 된다. 탄탄한 복근과 에스 라인을 자랑하던 몸매는 남녀 구분 없이 공평하게 D라인으로 바뀌었고, 검고 무성하던 머리카락은 군데군데가 비어 있는 잿빛으로 변했다. 외모만 바뀐 게 아니다. 생각이 비슷하고 느낌이 통해서 서로에게 끌렸던 연인은 부부가 되는 순간 그것이 얼마나 큰 착각이었는지 깨닫게 된다. 서로를 향한 애틋함이 자리하던 마음에는 아무렇지 않은 무덤덤함만이 남았다. 부부는 이제 '오직 한 사람'에서 '세상 속의 한 사람'이 되었다. 20년, 30년 지겹도록 돌아가는 관람차처럼 천천히 늙어 가는 생에 이르는 것이 부부라는 관계의 종착역일까.

살다 보면 원치 않는 이별을 겪거나 경제적 문제로 인해 험난한 파도를 넘나들며 천당과 지옥을 오가게 될 때가 있다. 마음대로 되지 않는 자식은 세상 무엇과도 바꿀 수 없는 기쁨에서 근심거리로 전락한 지 오래고, 평정을 가장한 채 살아가지만 마음속 깊은 곳에서는 매일 소리 없는 아우성이 일렁인다. 한때는 누구보다 뜨겁게 사랑했던 부부가 특별한 존재에서 보통의 존재가 된 것은 어느 한 쪽이 특별히 잘못했거나 뚜렷한 이유가 있어서가 아니다. 익숙한 관계가 처음에는 편안하고 안정적으로 느껴지지만 변화 없고 자극 없는 관계는 점점 지루해진다. 관계 자체가 변한 게 아니라 관계를 바라보는 내 마음이 변한 것이다. 세상살이에 닳고 닳아 인생의 모서리가 무디어진 이들에게 내일은 더 이상 새로울 것 없는 수많은 하루에 불과하다. 관성에 의지해 무한 반복되는 삶은 지루한 일상, 따분하기 그지없는 삶의 풍경일 뿐이다.

미국 코넬대학교Cornell University 인간행동연구소에서는 2년간 5,000명의 미국인을 대상으로 사랑의 유효 기간에 대해 조사했다. 연구 결과 18개월에서 30개월이면 뜨겁던 사랑이 식는다는 결과가 나왔다. 연구의 제목은 「사랑은 900일간의 폭풍」이었다. 영화나 소설 속에 펼쳐지는 열정적인 사랑은 사랑의 초기 단계이다. 이 단계가 지나면 관계는 새로운 국

면에 접어든다. 사랑에 빠진 후 1년이 지나면 사랑의 감정은 50%가 사라지게 되고, 이후 계속 낮아진다고 한다. 도파민 때문이라는 설도 있다. 사랑에 빠지면 도파민 분비가 활발해서 눈에 콩깍지가 씌워지지만 시간이 지나 도파민 분비가 줄어들면 사랑도 줄어들 수밖에 없다는 것이다. "사랑이 어떻게 변하니?"라던 영화 속 주인공의 항변에도 불구하고 어쩔 수 없이 사랑이 변하는 이유다. 사랑의 폭풍이 지나간 자리에는 '권태'라는 달갑지 않은 손님이 찾아온다.

영화 「우리도 사랑일까」에서 주인공 마고는 다정한 남편 루와의 결혼 생활에 싫증을 느끼고 새로 이사 온 옆집 남자 대니얼과 사랑에 빠진다. 하지만 "새것도 언젠가는 헌것이 된다."는 영화 속 대사처럼, 반짝반짝 빛나는 새것에 혹해서 선택한 대니얼과의 생활 역시 시간이 흐르면서 권태에 잠식당한다. 대니얼이 옆에 있어도 아무렇지 않게 소변을 보는가 하면 무심하게 TV를 보고 밥을 먹는다. 반면 남편 루는 끝까지 마고를 사랑한다.

행복을 그저 당연한 것으로 받아들였던 마고와 달리, 루는 결혼 후에도 더 좋은 관계를 유지하기 위해 노력한다. 계속해서 사랑을 표현하고 아내의 감정에 감응했다. 요리사인 그가 닭 요리 한 가지만을 고집한 것은 아내에 대한 한결같은 사랑의 은유이다. 그는 닭으로 요리할 수 있는 수십 가지 레시피를 개발하여 마침내 요리책을 완성한다. 헌것이 싫어 떠난 마고와 달리, 루는 한 가지 재료지만 다양한 방법의 조리법을 시도한 결과 마침내 성공에 이르게 된 것이다.

남편의 음식물 씹는 소리를 더 이상 참을 수 없을 때, 입가에 거품을 묻힌 채 양치질 하는 아내의 모습을 바라보는 게 힘들 때 권태는 찾아온다. 사랑의 마법은 시간이 지나면 어김없이 사라지기 때문이다. 또다시 새로운 상대를 찾아 나서야 할까? 아니면 권태의 늪에 깊이 빠진 채 포기하고 살아야 할까? 내가 생각하는 가장 이상적인 해답은 변화를 위한 서곡으로 권태를 받아들이는 것이다. 익숙함에서 벗어나 새로움을 추구하고 안정 대신 긴장을 선택함으로써 관계를 재정립할 수 있는 기회로 삼으면 된다.

캘리포니아대학교University of California의 샬롯 레이즈만Charlotte Reissman과 아서 애론Arthur Aron 교수는 부부가 어떤 활동을 할 때 만족감이 높은지 조사했다. 친구를 만나거나 영화를 보는 등 평소에 주로 하는 '즐거운 활동'보다는 공연을 보거나 여행, 춤추기 등 평소 하지 않았던 '흥분되는 활동'을 함께 한 부부가 만족감이 높았고 권태기도 잘 극복했다고 한다. 새로움이라는 자극이 있는 관계가 중요한 이유이다.

권태는 언제든 찾아올 수 있는 불청객이다. 작은 변화나 새로운 경험을 함께 나눔으로써 새로운 사랑 레시피를 개발하는 건 어떨까? 일상의 평화는 노력과 대가를 요구하는 만만치 않은 일이다. 순간순간의 행복을 위해 노력할 때 행복의 유효 기간은 연장될 수 있다. 지금 이 순간 더 힘껏 사랑해야 하는 이유는 역으로 사랑이 영원하지 않기 때문이다. 다시 사랑하자. ◆◇◆

고기로

태어난

죄

◇◇◇◇◇◇◇◇◇◇ 전자레인지 크기의 비좁은 케이지 속에 닭 네 마리가 종이처럼 구겨져 있다. 극도로 좁은 공간에서 닭들은 스트레스로 인해 서로를 할퀴고 밟으며 24시간 아수라장 속에 놓인다. 그나마 살아남은 것을 다행으로 여겨야 할까? 수컷은 태어나자마자 바로 거름으로 돌아가야 하는 참혹한 운명이다. '알을 낳지 못한다'는 이유 때문이다. 수컷 병아리는 자루에 담겨서 비료를 만드는 발효기로 들어가게 되는데 발효기의 날카로운 칼날이 돌아갈 때도 병아리의 삐약 소리는 멈추지 않는다. 양돈장도 사정은 다르지 않다. 새끼를 낳는 모돈母豚이 사는, '스톨Stall'이라 불리는 케이지는 모돈이 눕거나 일어서는 것 말고는 아무것도 할 수 없을 정도로 비좁다.

고개를 돌리는 것도 어려운 스톨 속에서 돼지는 일곱 번의 출산을 하면 효용 가치를 다하게 되고, 곧바로 도태된다. 돼지를 살찌워 키우는 비육 농장 역시 철저히 경제 논리에 입각해서 돌아간다. 들인 사룻값만큼 체중이 붙지 않으면 바로 바닥에 패대기쳐진다. 분뇨장에 버려진 돼지는 금방 죽지 않고 추위와 굶주림 속에서 몇 시간을 더 보낸 뒤에야 고통스러운 생을 마감할 수 있다. 참혹한 광경이 일상인 농장의 동물들에게 현세는 지옥의 다른 이름이다. 이곳을 '농장'이라고 이름 붙일 수 있다면 말이다. 닭, 돼지, 개를 사육하는 식용 동물 농장 아홉 곳에서 한승태 작가가 직접 일하며 겪은 내용을 담은 책『고기로 태어나서』는 동물 농장의 실태를 생생하게 보여 준다.

중국이 아프리카돼지열병ASF에 맞설 방안으로 '자이언트 돼지'를 사육하고 있다고 한다. 보통의 돼지가 110~125kg인데 반해 자이언트 돼지는 무게가 무려 500kg으로 북극곰 덩치를 웃돈다. 봉준호 감독의 영화「옥자」의 실사판이라고 해도 지나친 표현은 아니다. 미자와 정서적 교감을 나누었던 슈퍼 돼지 옥자는 시스템의 논리에 의해 '고기'로 취급되는 순간 인간을 위해 더 많은 '고기'를 생산해야 하는 무기질 덩

어리로 전락하게 된다. 학대가 이루어지는 실험실과 수많은 유전자 변형 슈퍼 돼지들이 갇혀서 고통을 호소하는 도살장은 홀로코스트Holocaust, 나치가 저지른 유대인 대학살와 다를 바 없다. 하지만 슈퍼 돼지를 도살해 해체하는 공정 작업을 하는 직원들의 모습은 어떤 악의도 없어 보인다.

한승태 작가가 일했던 곳의 농장주나 아저씨들도 잔인한 사람들이 아니었다. 동료를 살뜰히 챙기고 조금 더 일을 하는 수고로움도 마다않는 평범한 사람들이었다. 하지만 닭들이 스트레스로 인해 부리로 상대를 쪼아서 상품 가치를 훼손하는 일을 방지하기 위해 절단기로 부리를 자르고, 수컷 특유의 비린내를 없애고 고기를 부드럽게 하기 위해 돼지를 거세시키는 일을 할 때면 돌아오는 끼니처럼 당연하게 받아들인다. 모든 과정은 마취 없이 이루어졌고 동물의 고통을 상상하는 능력이 부재한 인간들은 고통으로 몸부림치는 동물을 눈앞에서 보면서도 별다른 가책 없이 일을 해낸다. 식탁에 오른 결과물만 봤을 뿐, '동물'이 '고기'가 되기까지의 과정에는 무심했던 우리의 뜨거운 민낯이었다.

농장의 아저씨들이 동물을 함부로 대한 것은 이들을 생명을 가진, 살아 있는 존재로 생각한 것이 아니라 인간을 위해 소비되는 고기로만 생각했기 때문이다. 미국인들이 흑인 노예를 사람으로 생각하지 않았듯이, 좋은 사람들이었던 이들은 동물을 상품으로만 취급했다. 그에 따른 폐해는 이미 조류독감, 광우병, 구제역 등의 형태로 인간에게 고스란히 돌아오고 있다.

효율성과 경제성이라는 두 바퀴로 돌아가는 자본주의의 괴물에 쫓기는 닭과 돼지, 그리고 개의 삶은 끼니때마다 마주하는 밥상을 돌아보게 한다. 동물 복지 같은 거대 담론을 논하자는 게 아니다. 나는 채식주의자도 아니거니와 어설프게 채식을 하자는 얘기를 하려는 것도 아니다. 인간의 미각을 즐겁게 해 주기 위해 20년이나 살 수 있는 수명을 한 달로 앞당겨 때 이른 죽음에 이르게 하는 것이 옳은 일인지 생각해 보고 싶었다. 육식이 문제가 아니라 고기를 만들기 위한 폭력적인 시스템, 자연을 거스르는 유전자 조작으로 슈퍼 동물을 양산하는 자본주의 시스템을 돌아보고 싶었다. 오직 인간을 위한, 인간에 의한, 인간의 삶만을 중심에 두고, 아수라장이 된 농장에서 들려오는 동물들의 비명 소리에 더 이상 귀 막고 눈감고 있어서는 안 되는 게 아닐까.

인간을 최우선에 두고 동물의 삶과 고통에는 일말의 관심도 두지 않은 채 외면하는 행위는 그 무엇으로도 변명의 여지가 없다. '동물 농장'이라는 암담한 프리즘 속에서 마주한 '인간다움'의 부재는 생명의 무게에 대해 다시 생각하게 한다. 일렬로 늘어서서 도축장으로 끌려가는 영화 속 수많은 슈퍼 돼지의 모습이 떠오른다. 죽음을 향해 걸어가는 모습은 기괴하면서 동시에 비장미마저 느껴진다. 지금 이 순간에도 수많은 옥자들이 인간의 식탁을 위해 희생되고 있다는 생각이 들자 숙연해진다.

연밥이 연꽃이 되기 위해서는 2,000년의 시간을 기다리기도 한다. 하나의 생명이 탄생한다는 것은 수많은 조건들이 맞아떨어져야 가능한 일이고 필연에 필연이 맞닿아야 겨우 이루어지는 일이다. 생명의 무게가 결코 가볍지 않단 얘기다. 인간의 마음과 동물의 마음이 다르지 않고 모든 생명체는 사람과 마찬가지로 존중받고 보호받아 마땅한 귀한 존재임을 너무 쉽게 잊고 사는 건 아닐까? 가즈오 이시구로Kazuo Ishiguro의 소설 『나를 보내지 마』 속에서 인간들은 불편한 클론의 존재를 마주하지 않으려 한다. 우리가 지금 '고기'의 존재를 철저히 외면하고 있는 것과 같이. ◈◇◈

이름은

집이니까요

◇◇◇◇◇◇◇◇◇◇ 오래전 故최진실 씨가 주연이었던 영화 「수잔 브링크의 아리랑」을 보았다. 해외 입양을 소재로 한 영화다. 생모의 불가피한 사정으로, 혹은 더 나은 환경으로 보낸다는 자기 위안을 앞세워 시작된 입양은 늘 그렇듯 '미안하다, 그때는 어쩔 수 없었다'와 같은 드라마 속 대사 같은 언어로 마무리되곤 했다. 오래전 봤던 그 영화도 비슷한 서사를 따르고 있었다. '고아 수출국'이라는 별로 아름답지 못한 과거사는 한때의 수치였고 현재는 되풀이되지 않는 일로 여겨져 그동안 입양이나 입양인의 존재는 까맣게 잊고 살았다. 다시금 '해외 입양' 문제를 들고 나온 조해진 작가의 『단순한 진심』을 읽기 전까지는.

주인공 나나, 혹은 문주가 프랑스로 입양된 1986년은 수많은 한국 아이들이 영문도 모른 채 낯선 이국으로 향하는 비행기에 몸을 실었던 바로 그 시기였다. 태어나고 싶어서 태어나는 사람은 없다. 의지와 무관하게 태어나, 영문도 모른 채 세상에 던져졌고, 던져진 세상에서 살아남아야 하는 게 생명을 가진 존재의 숙명이다. 하물며 생김새도 다르고 언어도 통하지 않는 머나먼 타국으로 보내진 아이들이 겪을 혼란과 불안은 짐작조차 하기 어렵다. 자신의 근원지에서 버림받고, 밀려난 그곳에서 또다시 이방인이 되는 이중, 삼중의 고통을 겪게 된다. 입양아들이 존재에 대한 근원적인 질문에 절박하게 매달리는 이유다. 옷을 갈아입듯 쉽게 정체성을 바꿀 수는 없는 노릇이기에 머나먼 타국에서 외로운 섬처럼 부유해야 했던 시간은 이들의 가슴속에 지울 수 없는 상흔을 남겼을 것이다.

배우이자 극작가인 나나가 자신의 영화를 찍고 싶다는 서영의 뜬금없는 제안을 선뜻 받아들인 이유는 서영의 메일 속에 등장하는 '정체성' '존재감' '이름'이라는 단어 때문이었다. 이름은 정체성 내지, 존재가 거주하는 집이고, '이름 하나라도 기억하는 것이 존재에 대한 예의'라고 믿는 서영의 메일을 나나는 거부할 수 없었다. 존재를 향한 집요하고 뿌리 깊은 갈망이 결국 그녀를 한국행 비행기에 오르게 했다. 나나는 35년 전 프랑스로 입양된 입양아였고 그녀의 뱃속에는 '우주'라 이름 지은 헤어진 남자 친구의 아이가 자라고 있었다.

자신을 찾아가는 여정에서 나나는 유독 이름에 집착한다. 자신의 이름뿐만 아니라, 타인의 이름, 자신이 거쳐 간 서울의 지명과 그 의미를 집요하게 묻는다. 자신의 한국 이름인 문주가 '문기둥' 또는 강원도 방언으로 '먼지'라는 의미가 있음을 비롯해 '이태원'과 '아현'의 유래도 알게 된다.

생모에게 버려지고 철로에서 자신을 구한 기관사에게 또다시 버려졌다는 기억에서 자유로울 수 없었던 나나는 한국에서 자신이 묵고 있던 서영의 집 아래층에서 식당을 하는 연희를 만나게 되고 그녀를 통해 복순, 복희라는 또 다른 인생과 조우하게 된다. 흑인 병사의 아이를 임신한 복순을 거두고 그녀의 딸 복희를 기르며 마지막까지 두 생명을 책임지려 했던 연희를 보며 나나는 어쩌면 자신도 누군가에게 간절한 마음으로 존재했던 시간이 있었을지 모른다고 생각한다. 자연스럽게 생모와 양부모를 떠올린다. 철로에 버려졌다는 확신 속에서 매 순간 살아야 할 이유를 물어야 위태로운 삶을 버틸 수 있었던 나나는 이들과의 만남을 통해 자신의 근원이 생각했던 것만큼 비극적이 아니었을지 모른다는 위안을 얻는다. 자신의 삶을 스쳐간 희미한 '이름들'을 더듬어 가면서 마침내 자신의 '이름'을 온전히 되찾게 된다. 피로 연결된 관계가 아니라도, 생면부지의 남일지라도 조건 없이 받아들이고 사랑했던 연희를 통해 자신의 과거를 발견하게 된 나나는 비로소 생의 의지를 회복하고 살아야 할 이유를 찾는다.

사람은 태어나는 순간 이름을 갖게 된다. 내 것이지만 타인에게 더 많이 불리고, 누군가에게 호명되는 순간 비로소 사회적 관계 속으로 진입하게 된다. 이름은 그 사람의 정체성이자 소통의 시작이기 때문이다. 조해진 작가는 온전한 우주가 되기 전에 사라진 사람을 기억하고 싶어서 소설을 쓰게 됐다고 했다. 다가오는 생명과 떠나간 생명, 양극의 세계가 서로 알아보지 못한 채 암흑 속에서 스쳐가는 장면처럼 두 세계는 때로는 겹쳐지고 때로는 어긋나며 생을 이어 간다. 오해와 상처로 시작된 생을 이해와 용서로 봉합하는 장면은 냉혹한 세상에 한 점 온기를 전해주었다. 소설의 제목처럼 진심은 단순하다. 엄청난 희생과 노력을 요구하지 않는다. 도움을 필요로 하는 사람을 외면하지 않고 괄호 밖으로 밀려난 사람들을 다시 안으로 품는 것으로 족하다. 책을 덮고 내 이름 석 자의 의미를 생각해 보았다. '편안하고 어질게 살라'고 부모님께서 지어준 이름이다. 이름을 되찾은 나나처럼 『단순한 진심』을 읽는 또 다른 '나나'들이 자신의 이름 석 자를 기억하고, 생의 의미를 재발견해 나가는 시간이 되었으면 좋겠다.

> 내가 그의 이름을 불러 주었을 때,
> 그는 나에게로 와서 꽃이 되었다.
> — 김춘수 「꽃」

시인의 말처럼 우리는 누군가의 꽃이 되고 싶지만, 누군가 이름을 불러 주지 않으면 그 누구도 꽃이 되지 못한다. ◆◇◆

딸까요?

◇◇◇◇◇◇◇◇◇◇◇ 누구나 늙고 병들지만 어느 누구도 자신이 늙고 병들 것이라는 생각은 하지 않기 때문일까. 노인 비하 발언이 공공연하게 이루어지고 있다. 거동이 점점 힘들어지는 부모님은 "이렇게 살아서 뭐하겠냐. 목숨만 붙어 있을 뿐 살아도 사는 게 아니다."라는 말을 습관처럼 한다. 뭐라고 위로해야 몰라 허둥대다 궁색한 말을 늘어놓지만 공허한 말 잔치일 뿐이다. 의료 기술의 발달로 수명이 연장된 것이 반가운 일만은 아닐 수 있다. 준비되지 않은 상태에서 맞이한 백 세 시대가 자칫 잘못하다가는 재앙으로 이어질 수 있음을 경고하는 지표나 사건이 종종 생겨난다. 부모님의 일상을 지켜보면서 착잡한 마음이 들었다. '삶과 죽음' '나이듦' '인간의 존엄'

이란 단어가 머릿속을 떠다니다 몇 년 전에 봤던 영화「죽여주는 여자」가 떠올랐다.

한때 TV 뉴스에서 일명 '박카스 할머니'라고 불리는 사람들에 대한 얘기로 시끄러웠던 적이 있었다. 방송은 풍기 문란을 일삼는 성매매 노인 여성에 대한 비난의 목소리를 높였다. 기자들의 눈을 피해 이리저리 옮겨 다니며 영업을 계속하는 화면 속 할머니들은 모자이크 처리되고 음성이 변조된 채 가십거리로 쉽게 소비되는 하찮은 존재였다.「죽여주는 여자」는 성매매 할머니 소영의 내면으로 카메라 렌즈의 초점을 맞추었다. 영화는 '인간은 누구나 늙고 아프고 죽는다'는 서늘한 명제를 상기시켜 준다.

평생을 고단하게 살아온 예순다섯 살 소영에게 남은 것은 늙은 몸뚱이뿐이었다. 그녀는 가방에 박카스 몇 개를 챙겨 넣고 공원으로 출근한다. 공원을 배회하다 남성 노인들에게 다가가 눈치를 살피며 슬쩍 운을 띄워 본다. "한 병 딸까요?" 소영은 탑골 공원에서 노인들을 상대로 성매매를 하는 박카스 할머니다. 그녀는 제대로 돈값을 하는, 죽여주게 잘하는(?) 할머니로 인기가 높다. 하지만 수치심을 감내하고 생판 모르는 사람에게 다가가 말을 걸고 고객의 비위를 맞춰야 하는 그녀의 하루하루는 고단하기만 하다.

소영이 사는 집에는 집주인인 트랜스젠더 티나와 몸이 불편한 피규어 작가 도훈이 함께 살고 있다. 그들은 정상적이지 않다거나 부적응자라는 평가를 받는 존재감 없는 약자들이다. 우리 사회의 소수자를 대표하는 듯한 이들은 한 울타리 안에서 가난하지만 웃음을 잃지 않고 살아간다. 녹록치 않은 삶의 무게를 거북이 등짝처럼 얹고 살아가지만 주어진 1인분의 삶을 감당하는 모습은 당당하고 품위마저 느껴진다. 하지만 후반으로 접어들면서 영화는 점차 무거워진다. "다들 손가락질 하지만 나같이 늙은 여자가 벌어먹고 살 수 있는 일이 많은 줄 알아?"라는 소영의 항변이 말해 주듯, 성매매가 아니면 먹고살 길이 막막한 나이 든 여자의 고통과 밥벌이를 위해 존엄 따위는 신경 쓸 여유조차 없는 삶이 과연 괜찮은지 묻는다.

　어느 날 소영은 단골손님이었던 송 노인이 뇌졸중으로 쓰러졌다는 소식을 듣고 문병을 가게 된다. 간병인이 없으면 대소변조차 처리하지 못하는 자신의 신세에 절망한 송 노인은 소영에게 자신을 죽여 달라고 간절하게 부탁한다. 연민과 죄책감 사이에서 고민하던 소영은 죽고 싶어도 죽을 수조차 없는 송 노인을 '죽여주게' 되고 이후 치매나 고독 등으로 사는 게 고통스러운 두 명의 노인을 더 '죽여준다'. 하지만 소영의 살인은 범죄의 뉘앙스를 풍기지 않는다. 부탁을 받으면 필요한 물품을 사고 현장으로 가서 노인을 죽여주는 행위는 오히려 경건한 의식에 가까웠으며, 인간으로서 당연한 권리인 존엄을 지키기 위한 노인들의 사투는 눈물겨웠다. 노인의 죽음에 대해 아무런 의문을 갖지 않는 사회의 냉정한 시선을 대변하듯 카메라는 시종일관 건조하게 노인들의 삶을 따라갔다.

영화 속에는 노인 문제 뿐만 아니라 여성, 빈곤, 장애인, 이주 노동자 등 우리 사회의 총체적인 문제들이 마치 종합 선물 세트처럼 담겨 있다. 전쟁고아로 태어나 시대의 아픔을 온몸으로 맞으며 고단한 삶을 살아야 했던 소영의 삶은 '성장'이라는 단일 가치를 위해 무한 질주해 온 사회에서 태생적으로 잉태될 수밖에 없었던 그늘이었다. '개발과 성장'이라는 덫에 갇힌 사회에서 궤도에서 이탈한 삶을 살아야 했던 소영의 자리는 한겨울 문틈을 비집고 들어오는 한 줌 햇볕만큼이나 인색했다.

영화 속 노인들은 마음 둘 데 없이 외롭고 고독하다. 소영은 그들의 말벗이 되었고 친구가 되어 외로운 노인들의 마음을 어루만져 주었다. 자칫 낯 뜨겁게 느껴질 수 있는 박카스 할머니와 노인 남성들의 만남이 비루하게 느껴지지 않는 이유는 만남과 이별에 대한 저마다의 사연이 공감되기 때문이다.

소영이 잡혀가기 직전 소영네 가족은 집주인이 일하는 바에서 함께 「Quizas Quizas Quizas」 공연을 보게 된다. 「Quizas Quizas Quizas」는 '아마도, 어쩌면, 글쎄'라는 의미의 스페인어이다. 죽여주는 여자가 될 수밖에 없었던 소영의 처지를 이해해 달라는 소리로 들린 건 나뿐이었을까. 뉴스 속 범죄 용의자를 향해 소영은 말한다. "저 사람도 무슨 사연이 있겠지. 아무도 남의 속사정은 모르는 거거든." 소영의 말대로 우리 모두는 저마다의 사연이 있다. 아무리 보잘것없는 몸뚱이의 소유자라 할지라도 우주만 한 크기의 사연을 품고 살아간다. 약자에게 관심을 주지 않는 사회, 타인의 고통에 무감한 사회에서 소영은 적어도 그들을 외면하지 않았다.

영화는 거듭 질문한다. 늙은 것은 낡은 것인가? 효용 가치를 상실한 것은 가차 없이 버려져도 좋은가? 소영의 행위는 삶이란 무대에서 최소한의 존엄은 지키며 퇴장하고 싶었던 노인들을 위한 그녀만의 위로였다. 누가 소영에게 돌을 던질 수 있을 것인가? ◆◇◆

생에

대한

예의

◇◇◇◇◇◇◇◇◇◇◇ 과거 한때, 혼자 사는 것에 대해 다소 부정적인
느낌이 있었다. 직장이나 학업 등으로 인해 어쩔 수 없이 집
을 떠나 불편함을 감수하며 사는 생활 방식이라는 인식이 있
었기 때문이다. 하지만 이제는 혼밥, 혼술, 혼행이란 말이 더
이상 낯선 단어로 느껴지지 않을 만큼 1인 가구 수는 꾸준하
고 또렷하게 증가하고 있다. 1인 가구 하면 개인이 선택한 화
려한 싱글을 가장 먼저 떠올리게 된다. 하지만 개중엔 직장
을 구하기 위해 홀로 낯선 도시로 이사 온 사람, 이혼이나 사
별 등으로 인한 가정 해체나 가족 상실로 인해 홀로 남겨진
사람, 비싼 주거비를 감당하지 못해 철새처럼 떠돌아다녀야
하는 도시 유목민도 있다. 평균 수명이 늘어 고령화가 심화

되고 있는 것도 1인 가구 수가 늘어나는 원인 중 하나이다.

상황이 이렇다 보니 혼자서 살다가 죽음을 맞이하고, 시신은 죽은 뒤 한참 지나서야 발견되는 경우가 있다. 일명 '고독사'다. 몇 년 전 한 여배우의 고독사가 알려져 주위를 안타깝게 했다. 혼자 살던 이 배우는 오피스텔에서 숨진 지 2주 후에야 발견되었다고 한다. 1인 가구의 증가로 인한 고독사가 저소득층만의 문제가 아니라 우리 모두의 문제로 떠오르고 있음을 보여주는 사건이다.

생을 마감하는 순간, 어느 누구의 도움도 받지 못한 채 외롭게 죽음을 맞이해야 하는 상황을 어떻게 받아들여야 할까?

영화 「스틸 라이프」의 주인공 존 메이는 22년 차 공무원이다. 고독사 한 사람이 발견되면 찾아가서 유품을 정리하고 지인들을 수소문해 연락을 취한 뒤 장례를 치러 주는 업무를 담당한다.

어느 날 고독사 한 할머니의 집을 방문한 그는 집을 둘러본 후 유품인 목걸이, 립스틱, 사진 등을 챙긴다. 가족이나 지인의 연락을 기다렸지만 아무도 그녀를 기억하지 않았다. 고양이 수지만이 그녀의 마지막을 함께했다. 결국 장례를 치를 날이 다가왔고 추도사를 위해 펜을 든 존은, 그녀만을 위한 세상에서 가장 아름다운 추도사를 준비한다. 텅 빈 성당에서

울리던 추도사는 비록 홀로 죽음을 맞았지만 그녀의 마지막 길이 결코 외롭고 쓸쓸하지만은 않다는 위로를 건네주었다.

존의 마지막 의뢰인은 빌리 스토크였다. 그는 이기적이고 제멋대로인 삶을 살다간 인물이었다. 그런 그에게 아무도 관심을 가져 주지 않았지만 존은 끈기 있고 침착하게 삶의 궤적을 따라간다. 노숙자였고 알코올 중독으로 생을 마감한 빌리였지만 한때는 누군가의 아버지였고, 회사의 부당한 처사에 항거한 노동자였으며, 군인이었다. 녹록지 않은 삶의 부침을 겪으며 평범하지 않은 삶의 이력서를 채운 그는, 풍요로운 삶을 살았다고 할 수는 없었지만 다양한 인생 이력을 갖고 열심히 살려고 노력한 사람이었다.

아무런 연관도 없는 빌리를 위해 애쓴 존의 무조건적인 관심은 사람들의 마음을 움직였다. 결국 기억 저편에서 잊혔던 빌리의 삶을 다시 소환한 존의 노력으로 많은 이들이 그의 마지막을 배웅하러 모인다. 존은 큰 업적을 남기지 못해도, 부를 일구거나 영향력 있는 삶을 살지 못했더라도 그 사람의 인생은 그 자체로 충분히 의미 있다고 믿었다. 빌리의 삶이 존의 일상 속으로 들어오면서 단조롭던 그의 삶에도 변화가 일어난다. 무미건조했던 생활에 활력이 생기고 새로운 삶에 대한 기대감을 펼치는 순간 뜻하지 않은 사건이 일어난다. 역시 한 치 앞도 알 수 없는 게 인생이다.

영화는 '그러니까 아무렇게나 살아도 된다'가 아니라 '그럼에도 불구하고 삶은 충분히 가치 있다'라고 말한다. 비록 역사에 길이 남을 족적을 남기지 못했더라도, 기구한 사연을 간직한 채 홀로 쓸쓸한 마지막을 맞이했더라도 모든 이의 삶은 그 자체로 아름답고 숭고하다. 누구도 기억하지 못하는 한 사람의 삶을 산 자들의 기억 속으로 다시 불러낸 존 메이, 그는 생에 대한 예의를 아는 사람이었다. '그럼에도 불구하고 여전히 내 인생'임을 자각하게 해 준 영화 「스틸 라이프」는 서로 섞이지 못한 채 쓸쓸한 삶을 살고 있는 현대인에게 잔잔한 위로를 건넨다. 감독 우베르토 파솔리니Uberto Pasolini 는 "한 사회의 품격은 죽은 이들을 대하는 방식에서 드러난다."고 말했다. 지위와 직업, 물질적 성공을 기준으로 그 사람의 인생을 판단하고 삶의 가치를 평가하지 않았는지 생각해 볼 일이다.

우리는 아무에게도 방해받지 않고 혼자 자유롭게 살고 싶지만, 고독하고 외롭게 죽고 싶지는 않다. 하지만 1인 가구가 증가하면서 가족이라는 안전망도 점차 해체되어 가고 있다. 혼자 남은 개인은 어디에서도 보호받지 못한 채 홀로 생을 마감하는 상황에 직면하게 되었다. 만연한 개인주의가 누군 가를 쓸쓸한 죽음으로 내몰고 있는 것이다. 모든 죽음은 개 별적이지만 동시에 사회적이기도 하다. 특히 고독사는 빈곤, 소외, 실직 등 온갖 문제가 얽힌 사회적 죽음으로 봐야 한다. 구조적인 문제를 점검하고 고용 여건을 개선하는 등 사회 안 전망을 촘촘하게 다시 엮어야 한다. 단순히 개인적인 문제로 치부한 채 방치한다면 아무에게도 발견되지 못하는 죽음을 맞는 사람은 점점 늘어갈 것이다.

아파트 주변을 산책하거나 길을 걷다 보면 지팡이에 의지 해 힘겹게 걸어가는 노인들을 종종 지나친다. 이들 옆에는 아들이나 딸, 혹은 손자나 손녀로 보이는 어느 누구도 없다. 저마다 한 보따리의 외로움을 품에 안은 채 걷는 노인들은 한겨울의 나목처럼 외로워 보였다. 누구나 늙고 병든다. 그리 고 지금은 1인 가구가 아니더라도 피치 못할 사정으로 비자 발적 1인 가구가 될 수도 있다. 아무리 하찮게 보이는 삶일지 라도 그러한 삶이 모여 거대한 역사의 흐름이 이어져 왔다. 공동체의 관심과 보호를 지속적으로 이어 가야 하는 가장 큰 이유가 아닐까. ◆◇◆

은발의

그녀는

엄마였다

◇◇◇◇◇◇◇◇◇◇ 퇴근 후 지하 주차장에 차를 댄 후 엘리베이터를
타기 위해 기다리고 있었다. 잠시 후 대여섯 살 정도로 보이
는 여자아이와 머리가 하얗게 센 은발의 여성이 아파트 현관
으로 들어섰다. 머리 색깔만 보고 당연히 그 여자아이의 할
머니라고 짐작했다. 하지만 이후 몇 번을 더 마주치면서 그
녀의 얼굴을 알게 되었다. 대여섯 살 또래의 아이를 둠 직한
젊은 사람이었다. 은발의 여성은 할머니가 아니라 아이의 엄
마였던 것이다. 아직 젊은 나이인데 머리가 하얗게 센 이유
까지는 알 수 없었지만 염색을 전혀 하지 않은 자연스러운
상태였다. 신기하기도 하고 눈에 띄어서 자꾸만 시선이 갔다.
자세한 사정은 모르지만 어쨌든 그녀는 하얀 머리 그대로,

자신의 있는 모습 그대로 살기로 한 모양이었다.

그녀의 모습 위로 또 다른 여성이 겹쳐졌다. 2017년, 강경화 외교부 장관이 후보자로 지명된 날이었다. 소셜 미디어에는 그녀의 머리색을 멋지다고 평가하는 글이 쏟아졌다. 내 눈에 가장 먼저 들어온 것도 그녀의 은발이었다. 흰 머리는 가리는 게 미덕이었던 한국 사회의 분위기상 그녀의 은빛 머리칼은 파격에 가까웠다. 무엇보다 사람들의 평가가 긍정적이었다는 것이 반가웠다.

한국 사회에서 외모는 인성이나 실력보다 '갑'인 경우가 많았다. 계란형 얼굴에 날렵한 턱선을 자랑해야 하고 44나 55 사이즈가 아니면 모두 뚱보로 전락했다. 잡티 없는 매끈한 도자기 피부에 늘씬한 각선미를 가진 연예인이 남녀노소를 불문하고 선망의 대상이 된 것도 이와 무관하지 않을 것이다. 엄격한 기준에 부합하는 외모를 갖추지 못한 사람은 최대한 가리는 게 미덕이었다. 허리 옆으로 삐져나오는 살은 헐렁한 티셔츠로 가리고 희끗희끗한 새치는 염색으로 감춘다. 굵은 종아리와 튼튼한 팔뚝도 긴 옷으로 가려 마땅한 대상이었다. 외모 중시의 사회 분위기 속에서 강경화 장관의 은빛 단발은 신선함을 넘어 충격이었다. 한 올의 새치만 보여도 가리기에 급급했던 중년들의 놀라움은 특히 컸다. '억지로 꾸미지 않아 더 매력적'이라 했고, '나도 훗날 염색을 하지 않겠다'고 선언하는 네티즌도 있었다. 그녀에게 있어 미의 기준은 부족한 것을 가리거나 감추는 것이 아니라 있는 그대로의 자신을 당당하게 드러내는 것에 있는 듯했다. 네티즌들이 열광한 것도 나이듦을 자연스럽게 받아들이는 그녀의 당당함에 대한 응원이 아니었을까.

외모의 단점을 가리지 않고 드러내는 것은 있는 그대로의 나를 인정하고 받아들인다는 것과 다르지 않다. 이런 생각의 바탕에는 '자존감'이 자리하고 있다. 자존감이라는 용어는 미국의 의사이자 철학자인 윌리엄 제임스William James가 1890년대에 처음 사용하였는데 '자신이 사랑받을 만한 가치가 있는 소중한 존재이고 어떤 성과를 이루어 낼 만한 유능한 사람이라고 믿는 마음'을 말한다. 따라서 객관적이고 중립적인 판단이라기보다는 주관적인 느낌이 강하다.

간혹 '자존감'이 '자존심'과 혼동되어 쓰이는 경우가 있다. 자존감과 자존심은 자신에 대한 긍정이라는 면에서 공통점이 있다. 다만 자존심이 타인과의 경쟁 속에서 얻는 긍정이라면, 자존감은 자신을 있는 그대로 받아들이는 긍정이다. 자존심을 유지하기 위해서는 끝없이 타인과 경쟁해야 한다. 만약 경쟁에서 패했을 경우 이 자존심은 바닥으로 곤두박질친다. 반면 자존감은 자신에 대한 확고한 사랑과 믿음이기에 상황에 따라 좌지우지되지 않는다.

　인스타그램이나 페이스북 같은 SNS에는 미남미녀들이 넘쳐 난다. 그들의 모습이 '보정'이라는 마술의 손을 거친 것임을 모르지 않지만 그럼에도 불구하고 우리는 쉽게 외적인 것에 현혹된다. 타인의 외모와 체형, 피부를 자신과 비교하며 우울해 하고 성형의 유혹에 시달리기도 한다. 하지만 성형을 한다 해도 쉽게 만족감이 찾아오는 건 아니다. 낮은 자존감, 왜곡된 보상 심리로 인해 불안과 공허에 시달리게 되고 수술의 성공 여부와 무관하게 계속 문제를 찾아내서 성형외과를 방문하게 된다.

　자존감은 기초 체력과 같다. 불안과 무기력이 찾아왔을 때 자존감이 높은 사람은 감기처럼 일시적으로 앓고 지나갈 확률이 높지만, 그렇지 못한 사람은 불안이나 분노에 사로잡혀 심각한 상태에 이르기도 한다. 하지만 수많은 자기 계발서의 충고에도 불구하고, 자신을 사랑하는 일은 그리 쉬운 일이 아니다. 몰라서 사랑하지 않는 게 아니다. 나를 사랑하는 마음인 자존감은 '타인에게서 사랑받은 기억의 총합'이기 때문이다. 그래서 어린 시절 결핍이 있거나 이런저런 이유로 사랑받지 못한 경험을 가지고 있는 사람은 자신을 사랑하는 게 말처럼 쉽지 않다. 얼핏 자존감이 높아 보이는 연예인들이 정상에서 내려오면 허무하게 무너지는 것은 '팬의 사랑'이라는 모래성 같은 사랑에 기대기 때문이다. 모래성은 작은 파도만 밀려와도 흔적도 없이 사라진다.

자존감이 높다는 것은 "나는 멋져! 나는 특별해! 나는 사랑받을 자격이 있어!"라고 앵무새처럼 외치는 것이 아니다. "멋지지 않아도, 특별하지 않아도 괜찮아. 사랑받는 건 당연한 일이 아니야."라고 생각하는 것이다. '더 멋진 나, 더 대단한 나'를 만드는 것이 아니라. '지금 있는 그대로의 나'를 더 이상 미워하지 않는다는 의미이기도 하다. 이웃집 여자의 당당함은 그녀의 멋진 은발보다 더 빛나는 자존감 때문인지 모른다. ◆◇◆

우리,

붕어빵은

되지 말자

⬦⬦⬦⬦⬦⬦⬦⬦⬦⬦ 인간은 성장하면서 각 연령별로 해야 할 중요한 과업이 있다. 심리학에서는 이를 '발달과업發達課業, development tasks'이라 한다. 돌 무렵이 되면 걸어야 하고, 조금 더 지나면 언어를 습득해야 한다. 아동기가 되면 사회 규칙을 습득하고, 또래 관계를 통해 사회성을 길러야 하며, 청소년기가 되면 정체감 형성이라는 또 다른 과업을 완수해야 한다. 각 시기의 발달과업은 서로 연관성을 가지고 있어, 전 단계에서 과업을 성공적으로 수행했는지의 여부가 다음 단계의 발달에 영향을 미친다. 즉 제때 제대로 배우지 못하면 이후의 발달에 문제가 생긴다는 말이다. 예를 들면 언어 습득 시기를 놓치게 되면 다음 과업인 사회성 및 인지 발달에 부정적인 영

향을 미치게 된다.

그런데 우리 사회는 심리학에서 말하는 발달과업과 별도로 각 나이별로 반드시 이수해야 하는 또 다른 과업이 있다. 이 과업은 인간의 발달과는 전혀 관련이 없지만 평균적인 과정을 따라가지 못할 경우 자존감 하락, 불안과 공허에 시달리는 등 심각한 부작용을 초래한다.

학창 시절에는 엄친아와 끊임없이 비교당하며 학업에 매진해야 하고 졸업하면 번듯한 직장에 취업해야 한다. 전쟁 같은 취업 시장을 뚫고 가까스로 직장인이 되면 결혼이라는 인륜지대사가 기다리고 있다. 제때 결혼하지 않거나 비혼을 고집하면 주위의 시선에 신경이 쓰이고 명절마다 끔찍한 고문(?)을 당하기도 한다.

삼십 대가 되면 한두 명의 자녀와 회사의 중간 관리자 위치에 있어야 하고, 사오십 대가 되면 외제차를 굴리고 주말이면 골프를 치는 여유 정도는 있어야 비로소 마음이 놓인다. 아파트 평수도 나이에 비례해서 차곡차곡 넓혀 가야 정상으로 여겨짐은 물론이다.

나이대별로 완수해야 하는 과업에 도달하지 못하거나, 가까스로 근처에 갔다고 해도 언제 밀려날지 모른다는 불안감에 삶은 자주 흔들린다. 평균에서 벗어난 삶, 남과 다른 삶은 불안을 불러오고 자존감을 떨어뜨린다. 하지만 끝없는 경쟁을 뚫고 원하는 것을 거머쥐었다고 해도 행복이 곧바로 찾아오는 것은 아니다. 오히려 삶이 갑자기 공허하게 느껴져 우울의 깊은 나락 속으로 추락하기도 한다.

날씨가 쌀쌀해지면 거리 곳곳에 반가운 포장마차가 하나둘 보이기 시작한다. 겨울이면 어김없이 등장하는 붕어빵 장수다. 붕어빵 모양의 틀 속에 반죽을 붓고 팥이나 크림을 채운 뒤 뚜껑을 덮고 잠시 기다리면 먹음직스러운 붕어빵이 만들어진다. 붕어빵은 맛과 모양이 동일하다. 주인이 달라도, 가게가 다르다고 맛이 크게 달라지는 일은 별로 없다. 똑같은 재료를 사용해 똑같은 틀에서 구워 내기 때문이다.

우리는 분명 붕어빵이 아니다. 독특한 개성과 특성을 지닌 개별적인 존재이다. 그럼에도 불구하고 나이와 성별에 따라 구분된 똑같은 틀 속에서 살아가도록 강요당한다. 이십 대가 살아야 할 상자, 삼십 대가 들어가야 할 상자, 사오십 대가 꾸려야 할 상자가 이미 정해져 있다. 틀 밖으로 조금이라도 벗어날 경우 '실패한 인생'이라는 딱지가 붙고 동정의 시선이 따라다닌다.

'다름'을 인정하지 못하는 사회에 길들여진 우리는 '다름'

을 '틀림'과 동의어로 받아들인다. 육십 대에 공무원이 된 사연이 화제가 되고 칠십 대에 시인이 된 할머니가 기삿거리가 되는 사회에서 틀 밖의 세상은 궁금해서도 안 되고 밖으로 나가서는 더더욱 안 되는 위험천만한 곳이다. 이 직종에서 여자는 승진하기 어렵다거나 이 일은 남자가 하기에 적합하지 않다는 편견은 인구의 절반이 제공하는 가능성을 일찌감치 포기하는 것과 마찬가지다.

요르고스 란티모스Yorgos Lanthimos 감독의 영화 「더 랍스터」는 45일 안에 짝을 찾지 못하면 동물로 변하는 상상의 세계가 무대다. 짝이 되기 위한 유일한 조건은 '공통점'이다. 서로 간에 공통점이 있으면 커플이 되어 인간으로 살아남을 수 있다. 동물이 되는 걸 피하기 위해 남녀는 필사적으로 공통점을 찾는다. 살기 위해 '같음'을 연기한다. 이 사회가 끔찍한 것은 동일성의 논리에 의해 굴러간다는 점이다. 같아야 하나가 되는 사회, 공통분모가 있어야 사랑이 허락되는 규범의 본질 속에는 끔찍한 폭력성이 내재되어 있다.

'다름'에 매혹당해 결혼한 커플이 비슷한 성향의 커플보다 더 많다고 한다. 나와 다른 점은 호기심이나 동경의 대상이 되기 때문이다. 하지만 다르다는 것은 갈등이나 대립의 원인을 제공하기도 한다.

신혼 초 첫 부부 싸움의 원인을 제공한 것은 치약이었다. 가운데를 꾹 눌러서 쓰는 나와 달리 남편은 밑에서부터 차곡차곡 사용하는 사람이었다. '왜 밑에서부터 사용하지 않느냐'는 남편의 핀잔에 '그깟 치약을 어디서부터 쓰는가가 그렇게 중요한 문제냐'며 싸움이 시작되었다. 유치하기로 따지자면 초등학생이 울고 갈 수준이었다. 하지만 아무것도 아닌 것 같은 사소한 문제가 사실은 두 사람의 극명한 차이를 드러내는 것임은 나중에 알게 되었다. 모든 일을 미리 계획한 뒤 순차적으로 처리하기를 좋아하는 남편과 발등에 불이 떨어져야 비로소 움직이는 나는 달라도 너무 달랐던 것이다. 연애할 때의 매력 포인트가 결혼 생활에서는 반드시 고쳐야 할 바람직하지 못한 습관으로 순식간에 평가 절하 되었다.

혐오가 도를 넘어서는 시대가 되었다. 급식충, 맘충, 틀딱충 등 전 세대를 벌레로 아우르는가 하면 꼰대, 된장녀 등 말이 칼이 되어 서로를 찌르는 형국이다. 이로 인해 야기되는 심리적 피로감과 사회적 손실 역시 만만치 않다. 세상에 똑같은 사람은 한 명도 없다. 심지어 일란성 쌍둥이도 100% 완벽하게 닮은 것은 아니다. 어떤 사회나 집단에서도 다름은 필연적으로 존재할 수밖에 없다. 서로의 다름은 때에 따라 득이 되기도 하고 실이 되기도 한다. 다름이 가진 양면성을 잘 이해해야 공존과 소통으로 나아갈 수 있다. 다름을 인정하는 사회, 틀을 깨는 새로운 생각을 환영하고 발상의 전환에 높은 점수를 부여하는 사회라야 희망이 있다.

남과 다른 길을 간다고 두려워 말자. 이십 대에 결혼을 안 해도, 삼십 대에 직장이 없어도, 사십 대에 넓은 평수의 아파트가 없어도 괜찮다. 다름과 틀림은 동의어가 아니다. 너와 나의 기질이 다르고, 생각이 다르고, 삶의 가치가 다를 뿐이다. 나만의 점을 찍을 때 점은 선이 되고 선이 연결되면 새로운 길이 열린다. 나와 다른 타인의 '다름'을 존중하고 인정하는 것이 불통의 사회, 혐오주의가 만연한 사회에 필요한 치유제가 아닐까? 우리, 붕어빵은 되지 말자. ◆◇◆

코로나와

페스트

◇◇◇◇◇◇◇◇◇◇ 유럽 인구의 30~40%를 몰살시키면서 중세 유럽을 초토화시켰던 전염병, 그 이름도 유명한 페스트다. 페스트의 공포에서 벗어난 인류는 최근 또다시 감염병을 두려워해야 하는 초유의 사태를 맞았다. 전염병이 창궐하고 사람들이 죽어 나가는 일은 역사책이나 영화 속에서나 가능한 일이었다. 하지만 비현실적인 상상은 불행하게도 현실이 되었고 코로나19로 인해 세상의 풍경은 하루아침에 바뀌었다. 모임을 자제하고, 재택근무가 늘었으며, 화상 강의가 오프라인 강의를 대체하게 되었다. 뿐만 아니라 여행은 엄두도 못 내고 소소한 외식의 즐거움마저 앗아 갔다. 시간이 지나면 금방 가라앉을 거라는 예상과 달리 바이러스는 끈질기게 번식

하며 삶의 풍경을 좀먹고 일상에 균열을 내고 있다.

바이러스와의 전쟁이 계속되고 있는 지금, 이 전쟁이 두려운 이유는 불확실성 때문이다. 미지의 바이러스에 대한 공포는 이미 겪었던 사스, 신종플루, 메르스에 대한 학습 효과와 더불어 언제 끝날지 모른다는 불안도 한몫하고 있다. 받아들이기 힘든 두려움과 공포 속에서 불현듯 알베르 카뮈Albert Camus의 소설 『페스트』를 떠올렸다. 누렇게 바랜 종이, 귀퉁이가 닳은 책은 오랜 세월 책장의 구석진 자리를 차지하고 있었지만 갑작스레 존재감을 드러내며 다가왔다.

알제리의 작은 해안 도시 오랑, 어느 날 죽은 쥐들이 발견되고 사람들이 하나둘 병에 걸려 죽어 나가기 시작한다. 하지만 시민들은 현실을 부정한다. 설마 페스트일까. 페스트는 과거 역사 속으로 사라진 질병일 뿐 현실감 없는 추상에 불과했다. 사태가 점점 심각해져 손쓸 수 없을 정도로 악화되고 형체가 보이지 않는 페스트로 인한 공포가 점점 커져갈 무렵 결국 도시는 폐쇄된다. 시민들은 외부와 격리된 채 외로운 싸움을 계속해야 하는 절체절명의 위기에 봉착하게 된다. 봉쇄된 도시 오랑에서 페스트와 싸우는 다양한 인간 군상들의 이야기는 여기, 지금 코로나와 싸우고 있는 우리의 모습과도 겹쳐졌다.

취재차 오랑을 방문했다가 갇히게 된 기자 랑베르는 애인이 기다리고 있는 외부로 탈출하기 위해 온갖 방법을 동원한다. 감염병은 자신과는 아무런 상관없는 일이었기에 연대와 고통 분담에는 무관심으로 일관한다.

의사 리유는 잔인한 현실을 받아들이고 묵묵히 자신의 일을 수행함으로써 시민들과 고통을 나눈다. 지식인 타루는 시민들을 조직화하고 의사 리유와 연대하여 페스트에 대항한다. 사회의 부조리를 일찌감치 체험한 그는 보건대를 조직하고 간호사, 의사 노릇까지 하며 질병과 투쟁한다.

또 다른 인물 파를루 신부는 페스트를 신이 내린 재앙으로 단정한 뒤 올바른 사람과 사악한 사람을 선별하는 체라고 설교한다. 불행과 고난은 존재의 이유가 있다고 말하며 병에 반항하지 말고 순응하라고 설교한다. 신도들의 신앙심을 시험대에 오르게 함으로써 불안을 부추기고 바이러스를 신앙의 도구로 사용해서 예배를 강행한 결과 집단 감염이라는 초유의 사태를 초래한 일부 교회의 태도는, 소설 『페스트』가 발표됐던 1947년에서 70년이나 지났음에도 한 치의 오차도 없이 닮았다.

혼란한 시국을 틈타 자신의 과거가 드러나지 않기를 바라는 범죄자, 봉쇄된 상황을 이용하여 돈을 버는 장사꾼 등 재난 상황을 이용해 사리사욕을 채우는 파렴치한 인간들도 시대와 무관한 탐욕스러운 인간의 민낯이었다. 오랑은 높은 물가에 시달리고 가짜 뉴스가 불안을 부추기는 상황과도 싸워야 했다. 초기 대응의 실패, 폐쇄 병동 환자들의 죽음, 콜센터 집단 감염, 사회적 약자가 감염에 더 취약한 상황 등 현재 전 세계가 맞닥뜨린 상황과 다르지 않다.

위기 상황에서 필요한 것은 명령이 아니라 상상력이다. 상상력이란 소설이나 공상 과학 영화에서만 요구되는 능력이 아니다. 타인의 고통을 상상하는 능력, 재난이 남의 일이 아닌 우리 모두의 일이 될 수 있다는 상상력이 어느 때보다 절실히 필요하다. 나도 모르는 사이에 감염되고 타인에게 균을 퍼뜨릴 수 있다는 의미에서 서로가 서로에게 가해자가 될 수 있다는 상상력도 마찬가지다.

메르스 사태 당시에도 확진자가 결국 가족과 만나지 못하고 죽음을 맞았고 화장 때도 가족이 동행하지 못했다는 보도가 있었다. 누구나 병에 걸릴 수 있음에도 불구하고, 감염되는 순간 병의 숙주로 간주해 배제시키는 행위는 인간을 감염원으로만 바라보는 냉정한 사회의 시선을 드러낸다. 감염을 두려워하는 것은 육체적인 죽음보다 외면과 격리라는 사회적인 죽음 때문은 아닐까.

실재하는 죽음 앞에서 독서의 행위는 한없이 무력하다. 하지만 역사책에서나 있을 법한 질병이 문학의 외피를 입고 소설로 부활해서 현재를 살아가는 우리에게 통찰을 제공한다. 수십 년 전 한 소설가의 성찰을 통해 눈앞에서 펼쳐지는 재난 속에서도 한 줄기 희망을 발견할 수 있다는 믿음을 갖게 한다.

소설 속 인물인 랑베르, 리유, 타루, 그리고 파늘루 신부는 결국 비극적 운명 앞에서 끝까지 희망을 포기하지 않기로 마음먹는다. 불완전한 인간이고 승산 없는 싸움이지만 연대하고 소통하면서 쉼 없이 굴러떨어지는 시지프스*의 바위를 묵묵히 밀어 올렸다. 자신의 자리에서 성실하게 책임을 다한 이들은 영웅이 아닌 한 사람의 평범한 시민에 불과했다. 계란으로 바위를 치는 무모한 행위일지라도 계란이 많으면 언젠가 바위를 뚫을 수 있을지 모른다.

---

* 시지프스 시지프스는 신들을 기만한 죄로 커다란 바위를 산꼭대기로 밀어 올리는 벌을 받았는데, 그 바위는 정상 근처에 다다르면 다시 아래로 굴러떨어져 영원히 형벌이 되풀이된다.

세계 곳곳의 수많은 사람들이 각자의 위치에서 코로나와 사투를 벌이고 있다. 감염을 무릅쓰고 환자를 치료하는 의료진과 국민들의 안전을 지키고 피해를 최소화하기 위해 애쓰는 공무원들, 후방에서 성금이나 위로로 따뜻한 응원을 보내는 모든 사람들이 이 세계의 주인공이다. 부조리한 세상, 패배가 예정된 싸움일지라도 끝까지 맞서 싸우는 인간이 존재하는 한 희망은 여전히 살아 있다고 믿는다.

　페스트균은 결코 죽거나 소멸되지 않으며, 수십 년 동안 가구나 내복에 잠복해 있고, 방이나 지하실, 트렁크, 손수건, 낡은 서류 속에서 참을성 있게 기다리고 있으며 따라서 아마도 언젠가는 인간에게 불행과 교훈을 주기 위해서, 페스트가 또다시 저 쥐들을 깨워 어떤 행복한 도시로 그것들을 몰아넣어 거기서 죽게 할 날이 온다는 것을 알고 있었다.

　소설의 마지막의 문장이다. 페스트가 쥐들을 깨워 인간사회에 경고장을 던지는 날이 언제든 다시 찾아올 수 있음을 잊지 말아야겠다. ◆◇◆

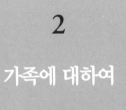

2

가족에 대하여

마흔이면,
가족과 싸울 일은
없을 줄 알았다

당신과 내가 할 가장 중요한 일은
우리의 집 울타리 안에 있을 것이다.

해롤드 비 리
Harold B. Lee

내 안의

야만과

마주하는 시간

◇◇◇◇◇◇◇◇◇◇ 몸 안에서 물컹한 것이 빠져나가면서 진통이 멈추었다. 하지만 아수라장 같은 출산의 경험은 온몸이 부서질 듯한 육체적 고통 못지않게 큰 정신적인 충격을 안겨 주었다. 온전한 인격체로서의 한 사람은 해체되었고 그 자리에는 산모, 엄마, 모성 등 생전 처음 듣는 낯선 단어의 조합이 혼란스럽게 떠다니고 있었다. 그렇게 나는 엄마가 되었다. 임신을 결정한 것은 실로 엄청난 용기를 필요로 하는 일이다. 내 삶이 어떻게 흘러갈지조차 짐작 못하는 상황에서 겁도 없이 또 하나의 생명을 책임지겠다고 나서는 일이니 말이다. 도대체 이런 맹목적인 자신감은 어디서 나온 걸까? 육아를 하면서 비로소 그 대가를 톡톡히 치르게 되었다.

매우 솔직하게 말해 보자면, 아이를 낳아 기르면서 행복한 날보다는 힘든 날이 더 많았던 것 같다. 육아의 보람과 기쁨을 위안으로 삼기엔 그를 위해 치러야 할 대가가 너무 컸다. 아이의 웃음 한방에 고단함이 눈 녹듯 사라지는 행복한 엄마, 칭얼대는 아이에게 한결같은 미소를 보내는 엄마는 상상 속에서만 가능한 일이었다.

아이가 제 앞가림을 할 정도로 자라기까지 그동안 당연하게 누려왔던 것들이 너무나 큰 호사였음을 실감해야 했다. 우아하게 식탁에 앉아서 밥을 먹고, 혼자만의 시간을 보내고, 해가 중천에 뜰 때까지 잘 수 있는 권리를 송두리째 빼앗기고 말았다. 내 이름 석 자에 새겨진 개성은 물감을 마구잡이로 덧칠해서 원래 있던 그림을 지우듯 희미해졌고, 그 자리에 오로지 '엄마'라는 단일한 정체성만 채워지던 외롭고 고단한 날들의 연속이었다.

엄마의 삶에서 1순위는 언제나 자식이었다. 어렸을 때는 박봉을 쪼개어 자식들을 우선으로 챙겼고, 성인이 된 자식이 도움을 요청할 때도 만사를 제쳐 둔 채 달려왔다. 나는 엄마의 그런 희생과 헌신의 유전자가 나에게도 고스란히 각인되어 전해질 줄 알았다. 한밤중에 졸린 눈을 비비면서 젖을 먹일 때, 화장기 없는 푸석한 얼굴에 고무줄로 질끈 묶은 머리로 외출 준비를 해야 할 때, 선 채로 찬밥을 물에 말아 허겁지겁 먹어 치울 때 나는 행복한 엄마가 아니었다. 열이 펄펄 끓는 아이를 어찌해야 할지 몰라 허둥대고 실수로 밥그릇을 엎은 아이의 등짝을 세게 후려치는 나는 좋은 엄마가 아니었다. 성격 파탄자에 무교양의 사나운 인격을 가진 피폐한 영혼일 따름이었다.

내 눈에 비친 이웃집 엄마들은 모두 좋은 엄마였다. 오랜 기간 모유 수유를 성공적으로 마치고, 손수 만든 유기농 이유식을 먹이고, 아이의 투정도 가벼운 웃음으로 받아넘길 줄 아는 여유를 가진 이웃집 여자는 나의 초라한 모성을 부끄럽게 했다. 모성 결핍에 대한 근원적인 두려움은 죄책감과 불안으로 이어졌고 고달픈 육아의 시간은 앞이 보이지 않는 선로처럼 아득하기만 했다. 나에게 엄마로 사는 일은 인간적 성숙으로 이르는 값진 경험이 아니었고 내 안의 야만과 마주하는 부끄러운 시간이었다. 좋은 엄마가 되는 길은 멀고도 험난했다.

화면 가득 붉은 물결이 가득한 가운데 자유로운 영혼의 여행가 에바가 축제의 한가운데에 서 있다. 그러나 다음 장면은 누군가가 던진 붉은 페인트로 더럽혀진 집과 자동차를 마주하는 에바의 망연자실한 모습이 등장한다. 과거와 현재가 교차하면서 의미를 알 수 없는 장면들이 삽입되고 끔찍한 장면을 목격하고 있는 듯한 수많은 군중 속에서 넋을 잃은 표정의 에바가 보인다. 이후 에바는 수감 중인 아들을 찾아간다. 이쯤에서 관객들은 엄마와 아들 사이에 무슨 일인가가 있었고 아들이 저지른 일로 인해 엄마인 에바의 삶이 피폐해졌음을 추측할 수 있다. 영화「케빈에 대하여」다.

이들 모자 사이에 도대체 무슨 일이 있었던 것일까? 결혼 전 자유로운 영혼으로 전 세계를 누비던 에바는 원치 않은 임신을 하게 된다. 임신 중, 그리고 출산 후 아이를 만난 기쁨보다는 멍한 표정으로 앉아 있는 모습을 보이는 것은 계획에 없던 임신으로 삶의 좌표를 수정해야 하는 좌절감 때문이었다. 게다가 아이는 너무 예민하고 까다로웠다. 끊임없이 울어대며 엄마를 힘들게 했다. 준비되지 않은 엄마 역할을 꾸역꾸역 해내느라 에바의 심신은 지쳐갔지만 남편은 에바의 우울과 고통을 이해하지 못했다.

타고난 모성은 부족했지만 에바는 노력하는 엄마였다. 하지만 엄마의 사랑을 받지 못한다고 느낀 케빈은 점점 삐뚤어져 갔고, 결국 엄청난 사건을 저지르고 만다. 아들 케빈의 악행으로 가족의 삶은 산산조각이 나고 말았다. 홀로 남은 에바는 어렵게 잡은 직장 외에 가끔 수감된 케빈을 찾아가는 일이 외출의 전부일 정도로 단조로운 삶을 살아간다.

  범죄를 저지른 자식의 죄를 함께 감내해야 하는 부모는 어떤 심정일까에 대해 영화 「케빈에 대하여」는 그리 쉬운 일이 아니라고 얘기한다. 부모의 애정이 더 강했다면, 혹은 엄마의 모성이 극진했다면 사이코패스로 설명되는 범인들의 끔찍한 '묻지 마 살인'을 막아 낼 수 있었을까? 비록 좋은 엄마는 아니었지만 영화는 에바에게 직접적인 책임을 묻지 않는다. 가족의 사랑과 이해 부족으로 괴물이 탄생했다고 말하지 않는다. 에바의 과거를 아무리 들여다보아도 케빈의 악행은 쉽게 설명되지 않는다.

  케빈에게는 뚜렷한 트라우마나 결핍이 없다. 중산층 가정에서 학대나 방치 없이 성장했다. 영화의 중간중간 보이는 케빈과 에바가 겪는 갈등은 아이를 키우는 가정이라면 으레 있을 법한 일들이다. 하지만 에바는 길거리를 지나가다 희생자의 부모로 보이는 여자에게 이유 없이 뺨을 맞아야 하고, 하루가 멀다 하고 집과 차가 붉은색 페인트에 뒤덮이는 끔찍한 일상을 견뎌야 한다. 피해자들의 해코지에도 에바는 적극적으로 자신을 변호하지 않고 피해자들이 가한 폭력의 흔적을 묵묵히 지울 뿐이다. 말 그대로 에바의 삶은 지옥 그 자체였다.

"내 아이가 안 좋은 아이로 태어날지도 모른다는 근원적 두려움이 나의 내면에 있다는 것을 깨달았다."는 린 램지 Lynne Ramsay 감독. 도발적인 질문으로 모성 신화를 해체시키고 충격적인 장면으로 관객의 마음을 불편하게 하지만 섣불리 누군가를 단죄하거나 어설픈 위로를 건네지 않는다. 그리 좋은 엄마는 아니었지만 그렇다고 케빈의 악행을 에바의 책임으로만 몰아갈 수 없다고 얘기한다.

모성 신화는 그 뿌리가 깊고 질기다. 모성이란 유전자에 각인된 본능으로 여자라면 누구나 타고난다는 사회의 압력에서 자유롭지 못하다. 엄마가 된다는 것은 연약한 한 생명체를 총체적으로 책임져야 하는 어마어마한 일이다. 아이가 성장하는 전 과정을 주도하면서 생명이 다 할 때까지 엄마라는 숙명에서 벗어나지 못한 채 무한 책임을 져야 한다. 자녀의 잘못은 곧 엄마의 잘못으로 대치되어 가차 없는 비난과 질책이 날아온다. 동네북도 이만한 북이 없다.

엄마가 된 것을 후회한다든가 엄마로서의 삶이 행복하지

않다는 말을 입에 올리는 순간 '모성에 심각한 결함이 있는 부족한 여성'으로 취급된다. 아이를 낳고 키우는 것이 여자의 최고 행복이라는 명제는 고금을 막론한 진실로 대접받았고, 세상의 엄마들은 오랜 시간 인류가 당위적이라고 믿어온 명제 앞에서 한없이 무력했다.

결혼 전 여행가로서 전문적인 커리어를 쌓았던 에바는 임신과 동시에 직장인, 여행가, CEO라는 타이틀을 모두 내려놓고 오로지 케빈의 엄마로만 살아야 했다. 영화는 모성을 강제하는 사회에서 여성이 자신의 욕망이나 자존감을 잃지 않은 채 한 인간으로서의 품격을 유지하는 것이 얼마나 어려운 일인지 보여 준다. 범죄자를 키운 엄마가 되어 버린 에바의 삶은 만신창이가 되었다. 살아남은 자의 슬픔과 존엄은 어디에서도 보호받지 못했다. 에바가 느끼는 고통 속에는 엄마로서의 책임감과 인간으로서의 욕망, 관계를 회복할 수 없이 멀어져 버린 아들과 엄마 사이의 심리적 간극이 어두운 심연처럼 놓여 있었다.

엄마이기에 삶을 포기할 수조차 없었고, 엄마이기에 쉽게 용서받을 수도 없었다. 슬픔과 고통 속에서도 발을 땅에 굳게 디디고 서 있어야 하는 그녀의 이름은 '엄마'였다. 한국어

번역은 '케빈에 대하여'이지만 엄밀히 말하면 이 영화는 '케빈의 엄마에 대한' 이야기이다. 케빈이라는 결코 쉽지 않은 아들을 키운 한 엄마의 이야기이다.

영화는 끝났지만 바로 그 순간, 영화는 내 안에서 다시 시작되었다. 강제된 관계가 박제된 관계를 낳은 것일까? 자신의 욕구와 소망을 감춘 채 사회가 정해준 각본대로 엄마의 역할을 수행해야 했던 에바의 말과 표정 속에 숨은 고통과 절망의 무게를 예민한 케빈은 눈치채고 말았던 것일까? 질문이 꼬리에 꼬리를 물고 이어졌다. 수감 중인 아들을 찾아가 힘겹게 안아 주던 에바의 모습은 엄마라는 이유로 세상의 온갖 비난을 묵묵히 감내해야 하는 모성의 책임에 대해 화두를 던진다. 모성이란 무엇이고 그 책임의 한계는 어디까지일까? ◆◇◆

좋은 사람이

좋은 부모가

된다

●

◇◇◇◇◇◇◇◇◇◇◇◇ 강연장에서 가장 많이 받는 질문 중의 하나는 바로 "좋은 부모가 되려면 어떻게 하면 될까요?"이다. 많은 부모들이 '좋은 부모'가 되기 위해 책을 읽고, 강연장을 찾아 공부하기에 여념이 없다. 하지만 과연 그렇게 공부한들 '좋은 부모'가 될 수 있을까?

부모 모두 소위 말하는 명문대를 졸업한 전문직 부부의 사연이다. 아침에 눈을 뜨면 엄마가 직접 짠 스케줄표를 건네주는 것으로 아이의 하루는 시작된다. 24시간을 철저히 관리한 결과 아이는 집중력 저하, 분노 조절 문제 등 심리적으로 불안 증상을 보이기 시작했다. 입시의 성지로 불리는 강남에서 아이는 열 군데 남짓의 학원을 다니고 있었다. 성적과 결과에만 집착한 부모는 끊임없이 옆집 아이와 비교했고, 비교의 끝에는 상처 받은 아이와 불안한 부모만이 남았다. 新계급 사회라고 불러도 무방할 정도로 학벌이 계급과 연결되는 이 사회에서 입시는 국민 모두의 초대형 관심사일 수밖에 없다.

2018년 방영되었던 드라마 「SKY캐슬」은 입시만을 위해 모든 걸 희생시키는 부모의 왜곡된 가치관과 그 속에서 마음이 병들어 가는 아이들의 모습을 적나라하게 보여 주어 큰 화제가 되었다. 드라마는 국민적 화두인 사교육과 부모의 왜곡된 욕망을 낱낱이 해부하고 잔혹한 입시 지옥이 낳은 비극을 생생하게 보여 준다. 사교육 공화국, 대한민국의 민낯을 바라보는 마음은 참담하기 이를 데 없었다.

인간은 자유로울 때 편안하고 잠재력도 발휘할 수 있다. 아이에게도 자기 마음대로 할 수 있는 시간이 있어야 한다는 말이다. 이 부부는 돈과 열정을 들여 창의력과 상상력을 체계적으로 없애 주는 기관에 성실하게 아이를 보냈을 뿐 정작 아이 내면이 병들고 있다는 것은 눈치채지 못했다. 빡빡한 스케줄 속에 아이를 밀어 넣고 빈틈없이 관리해야 부모 역할을 제대로 하고 있다는 착각 속에 빠져 있었다. 24시간 대기조가 되어 아이를 위한 희생을 자처하게 되면 그 결과는 "내가 너를 어떻게 키웠는데….”로 시작되는 왜곡된 보상 심리로 돌아오게 된다.

아이 역시 무거운 부채감에서 자유로울 수 없다. 온갖 사교육을 동원해 지식으로만 두뇌를 빈틈없이 채워 버리면 창의력과 상상력이라는 보물이 들어설 자리는 없어진다. ‘사랑’이라는 이름으로 가해진 ‘정서적 폭력’에 상처 받은 아이들은 오랫동안 고통의 시간을 겪어야 한다. 마음의 상처는 약을 먹으면 금방 낫는 감기처럼 쉽게 치유되지 않기 때문이다.

어른이 정해 놓은 타임 스케줄에 따라 세상의 주류에 합류하기 위해 불나방처럼 뛰어드는 것만이 능사가 아니다. 아이 의지로 무언가를 하나씩 만들어 가고 스스로의 시간을 채워 가는 법을 배우는 것이 더 중요하지 않을까. 과거 조선 시대 왕들 역시, 정식 세자 교육을 받은 왕이 성군이 된 경우는 별로 없다고 한다. 부모가 발 벗고 나서서 아이를 밀어 준다고 그 아이가 반드시 잘 된다는 보장은 없다는 얘기다. 부모도 엄연히 하나의 인격체다. 누군가의 ‘엄마’ ‘아빠’라는 정체성 외에도 수많은 정체성으로 살아간다. 부모라는 역할에만 매몰되어 아이를 향한 감시의 안테나를 사방으로 뻗치는데 너무 몰두하는 건 아닌지, 정작 자신을 성찰하고 고민할 수 있는 기회를 잊어버리고 사는 건 아닌지 생각해 볼 일이다.

대기업 자녀들의 오만불손한 태도와 갑질이 논란의 도마에 자주 오르내리는 것은 부모의 갑질을 보고 자란 자녀가 부모의 가치관을 충실히(?) 학습한 당연한 결과다. '좋은 사람'이 '좋은 부모'가 된다. 좋은 부모가 되려고 애쓰는 대신 부모가 좋은 인생을 사는 모습을 보여 주면 된다. 주어진 일을 열심히 하고 타인과 진실한 관계를 맺으며 사회적 약자를 향한 마음의 빈 공간을 남겨 두는 사람으로 살면 되지 않을까. 제 한 몸 스스로 건사할 수 있는 능력을 키워 주는 것이 제대로 된 교육이고 부모의 역할이다. 부모는 아이가 스스로 무언가를 할 수 있도록 징검다리 역할만 해 주면 된다. 알을 깨고 세상 밖으로 나가기까지 지난한 시간을 함께 버텨 주기만 하면 된다.

좋은 부모가 되려고 애쓰지 말고 좋은 사람으로 살려고 노력하자. 좋은 사람으로 살다 보면 좋은 부모는 보너스처럼 따라오는 선물이다. 세 아이를 키우면서 겨우 깨달은 삶의 방향이었다. ◆◇◆

'늙음'이

미안해야 할 일이

아님에도

◇◇◇◇◇◇◇◇◇◇ 카톡이 울린다. 엄마다. 아버지는 장에 문제가 생겨 입원했다 퇴원한 후에도 여전히 상태가 좋지 않았다. 마음을 졸이고 있던 터라 덜컥 겁부터 났다. 연로한 아버지가 수술을 감당할 수 있을지에 대한 불안과 수술을 한다고 해도 이에 따르는 부작용을 피해 갈 수 없을지 모른다는 데 대한 걱정 이면에는 또 다른 마음이 있다. 검사를 위해 병원에 가는 일부터 시작해서 입원과 수술 후 보호자로 몇 날 며칠을 병원에서 보내야 하는 고단함과 일상생활에서 감내해야 할 지장까지 생각하느라 바쁘게 머리를 굴리는 또 하나의 자아가 느끼는 감정이다.

복잡한 속내가 드러날까 봐 엄마의 카톡에 오히려 더 심드

렁하게 대꾸했다. 만약 부모님이 아니라 아이가 아픈 상황이라면 어땠을까? 다양한 감정의 층위 따위는 애초부터 존재하지도 않았을 것이다. 걱정과 불안이라는 단일하고 강력한 감정 외에는 어떤 것도 비집고 들어올 틈이 없었을 테니 말이다. 죄책감이 스멀스멀 올라온다. 어쩔 수 없는 내리사랑이라는 말로 면피해 보려고 하지만 죄책감은 쉽게 사그라들지 않는다.

친정, 시댁 모두 연로한 부모님들 두 분만 계신다. 멀리 있다는 핑계로 자주 내려가지 못하고 바쁘다는 이유로 전화도 별로 하지 않는 염치없는 며느리이자 무뚝뚝한 딸이다. 자식으로서의 근원적인 부채감에서 조금이나마 벗어나고 싶은 마음에서인지 어쩌다 한번 친정에 내려가면 하고 싶은 일보다 해야 할 일을 우선으로 하게 된다. 오랜만에 친구들도 보고 싶고 혼자만의 고즈넉한 시간도 누리고픈 마음이 굴뚝같다. 하지만 허리 수술 후 거동이 불편한 엄마의 살림은 곳곳이 손길을 필요로 하는 곳 투성이다.

당장 먹을 반찬도 제대로 없어서 친정에 도착하면 제일 먼저 장을 보고 간식거리며 반찬거리를 사다 나른다. 찬거리는 어지러운 냉장고 속에 간신히 자리를 잡고 없는 솜씨에 몇 가지 밑반찬을 급하게 만들어 상에 올린다. 딸이 차려주는 밥상이라 그런지, 아니면 오랜만에 음식다운 음식을 드셔서 그런지. 두 분 부모님의 수저가 평소보다 바쁘게 움직인다. 자식 노릇을 한 것 같아 마음이 조금은 편해진다. 설거지를 마치고 집 근처 마트에서 필요한 생필품 몇 가지를 사고 나면 하루가 금방 저문다.

다시 집으로 돌아가는 열차 안, 휴대폰 알람이 울린다. 메신저 창에는 미안하다는 문자가 찍혀 있다. 친정으로 내려가기 전 엄마는 굳이 내려올 거 없다,라는 메시지를 보내왔다. '올 거 없다'와 '미안하다'가 돌림 노래처럼 공명한다. 딸이 보고 싶은 마음과 미안한 마음이 팽팽하게 맞서다가 한 순간 보고 싶다는 쪽으로 맥없이 기울어지는 부모. 자식에게 폐가 될까 전전긍긍하지만 결국 보고 싶은 마음을 이기지는 못하는 듯하다.

엄마가 보내는 문자의 종결문은 그래서 항상 '미안하다'이다. 뭐가 그리 미안한지, 왜 그렇게 맨날 미안하기만 한 건지 따져 묻고 싶은 마음에 괜한 짜증이 밀려오기도 한다. 그런 날엔 '제발 미안하다 소리 좀 그만 하라'고 거칠게 항의도 해본다. 하지만 돌아오는 답은 또다시 미안하다,이다.

미안하다. 이 네 글자가 파편처럼 가슴에 박힌다. 주어가 생략된 엄마의 문자는 '부모라서 미안합니다'라는 말로 이해됐다. 미안하다는 말속에는 당신들의 존재 자체에 대한 미안함이 자리하고 있다. 나이 들고 병든 부모라서, 해 준 게 없어서, 자식에게 폐만 끼치는 존재라서 한없이 미안하고 또 미안하단다. 가방에서 이어폰을 꺼내어 귀에 꽂았다. 미안하다는 말이 시끄러운 음악 속에 묻혀 사라지길 바라며 한껏 볼륨을 높였다.

시어른들이 가끔 집으로 올 때도 사정은 다르지 않다. 세월의 내공 덕분일까? 며느리로 산 세월이 제법 오래다 보니 시부모님들이 오신다고 해도 예전처럼 부산스럽게 준비하지 않고도 마음이 크게 불편하지 않다. 평소보다 반찬 한두 가지만 더 만들고 뜨끈한 된장찌개를 올린다. 하지만 시부모님들은 오랜만에 며느리가 차려 내는 소박한 밥상에도 미안해하고 진수성찬이라며 수저를 든다. 일하는 며느리가 당신들 때문에 피곤해할까 봐 노심초사하는 모습에 마음이 아프고, 대개는 하룻밤, 길어야 이틀 밤을 지내고는 민폐라도 끼칠새라 도망치듯 시골로 내려간다. 그 어른들의 뒷모습을 바라보고 있노라면 마음이 짠해진다. 치매로 고생하는 시어머니는 이제 아들 집에 오는 것마저도 힘겨운 듯하다.

살이 많이 빠진 부모님의 모습은 흡사 타다 남은 장작개비를 떠올리게 한다. 앙상한 가지만 남은 한겨울 나목 같은 부모님의 육신은 당장이라도 사그라질 듯 위태로워 보인다. 딸이 가야 목욕이라도 할 수 있는 엄마의 벗은 몸은 살이 빠져나가고 가죽만 남아 손이 닿는 대로 대책 없이 출렁인다. 치매로 인해 점점 황폐해져 가는 영혼과 외로운 싸움을 하고 있는 시어머니, 그 곁을 지키느라 심신이 지쳐버린 시아버지의 처지 역시 다르지 않다. 꽃과 이파리가 모두 떨어진 앙상하고 마른 나뭇가지 같은 부모님들의 모습을 보고 있노라면, 무엇으로도 메울 수 없는 커다란 구멍이 뚫린 듯 가슴에 휑한 바람이 분다.

자식을 위해 부모의 행복은 늘 유예 상태였고, 자식의 인생을 위해서라면 당신들의 인생은 포기하는 게 자연스러운 세월이었다. 거친 삶의 파도를 온몸으로 겪으며 자식을 키워 내고, 그 자식들 역시 세상 풍파를 겪느라 굵은 빗줄기를 피해 갈 수 없게 되었을 때 늙은 부모의 자리는 한없이 좁아진다.

노화는 어쩔 수 없는 자연의 섭리다. 늙어 가는 몸에 대한 불안에 압도당할 때면 짜증으로 불만을 표현하고, 내 것이 아닌 것만 같은 낯선 몸에 대한 못마땅함으로 창피해 하는 일을 더 이상 피할 수 없는 때가 누구에게나 온다. 하지만 '늙음'은 미안해야 할 일도, 사과해야 할 일도 아니다. 그럼에도 불구하고 늙은 부모는 죄책감으로 괴로워한다. 한 존재의 무너짐을 속수무책으로 바라봐야 하는 심정은 애달프기 그지없다.

낡은 비디오테이프를 되감듯이 그 옛날로 돌아갈 수 있다면…. 흑백 사진 속 젊은 부모님의 단단한 어깨와 넓은 가슴에 다시 한번 힘차게 안길 수 있다면…. ◆◇◆

아버지, 그 쓸쓸한 이름

●

◇◇◇◇◇◇◇◇◇◇ 아버지의 할아버지, 다시 말해 내게 증조할아버지 되는 분은 대대로 내려오는 지주 집안의 장손으로 성격이 꼬장꼬장한 어른이었다. 일제 강점기 때 수완 좋은(?) 사람들이 집안 머슴 명의로 땅을 빼돌려 그 땅을 모두 보전했을 때, 증조할아버지는 당신 땅에다가 말뚝을 박고 '내 땅이다'라고 우기기만 하다가 결국 그 많은 재산을 고스란히 일제에 뺏겼다고 했다. 엄마는 증조할아버지의 무능과 어리석음, 융통성 없음을 대놓고 경멸했다. 남의 땅을 빼앗은 일본을 탓하기보다 대대로 물려받은 자기 땅을 빼앗긴 증조할아버지의 무능만을 탓하는 엄마를 어떻게 이해해야 할까.

부잣집에서 귀하게 자란 증조할아버지의 아들, 즉 할아버지는 생활력이 없었다. 그 시대에 일본에서 대학까지 마친 후 공직에 몸담았지만 얼마 못 가 직장을 그만두었다. 이후 할아버지는 유산으로 물려받은 땅을 하나둘 처분하면서 생계를 유지했다. 할아버지, 할머니 모두 세상 물정 모르는 대책 없는 분들이었고, 그로 인해 아버지를 비롯한 자식들의 고생은 불을 보듯 뻔한 일이었다. 보다 못한 친척 어른들이 집안의 종손인 아버지를 위해 학비를 마련해 주었다. 그 시절 유행(?)했던 '장남 몰아주기' 덕을 본 아버지는 등록금이 싼 국립 사범대를 겨우 졸업할 수 있었고, 졸업 후 바로 영어 교사로 발령이 났다. 중매로 만난 엄마와 결혼을 하며 우리 가족의 역사가 시작되었다.

손에 물 한 번 묻히지 않고 자란 엄마는 속아서 결혼했다며 아직까지도 억울함을 감추지 않는다. 결혼 전 딸을 시집 보낼 집안의 경제력을 알아보기 위해 외할머니가 파악한 정보에 따르면, 아버지 집안은 대궐 같은 집을 소유하고 있는 부자였다. 하지만 그 대궐 같은 집은 실상 남의 집이었고, 할아버지는 아들에게 방 한 칸 얻어 줄 여력도 없는 무일푼이었다. 더 이상 팔 수 있는 땅이 남아 있을 리 없었던 할아버지는 아들을 장가보내기 위해 남의 집을 자신의 집이라고 속이는 일까지 저질렀다.

엄마의 불행의 시작이었다. 결혼 후 신접살림을 차려야 하는 마당에 아버지가 가진 거라곤 숟가락 두 개, 이불 보따리가 전부였다. 결혼할 때 받은 얼마 안 되는 패물을 그 자리에서 처분한 엄마의 용단으로 겨우 단칸방을 얻을 수 있었다.

금수저 부모를 두었던 엄마는 요즘 말로 '아빠 찬스'를 써서 무난하게 취업에 성공했고 교사로 근무하는 행운을 누리고 있었다. 두 분이 모두 직장 생활을 했으니 조금씩 재산을 모을 수는 있었지만, 워낙에 없이 시작한 살림인데다 재테크라고는 쥐꼬리만 한 월급에서 매월 조금씩 붓는 적금 외에는 다른 방법을 알지 못했던 부모님은 경제적으로 늘 쪼들렸다.

엄마는 월반을 했을 정도로 두뇌가 명석했다. 교직에서도 능력을 인정받아 승진에 유리한 가산점을 일찌감치 확보했다. 반면 아버지는 기질 자체가 순하고 여린 데다 할아버지를 닮아서인지 생활력이 없었다. 예민한 성격에 관계도 서툴러 직장 생활에도 잘 적응하지 못했다. 종손으로 자라 물 한 번 떠다 먹은 적이 없다는 일화를 자랑스럽게 말하는 할머니의 말씀으로 미뤄 짐작컨대, 조부모님은 아버지를 대책 없는 황제로 키운 듯했다. 엄마 없이는 생활이 불가능할 정도로 아버지는 모든 면에서 완벽하게 무능력했다.

직장 생활로 빈 엄마의 자리를 견디지 못한 아버지는 퇴직을 종용했고 오랜 부부 싸움 끝에 결국 엄마는 직장을 떠나야 했다. 엄마에게 지울 수 없는 상처로 남은 사건이었다. 비교적 호시절을 누렸던 가정 경제는 엄마의 무너진 꿈과 함께 동반 추락하기 시작했다.

외할아버지는 능력자에다 옛날 사람답지 않게 애정 표현도 스스럼없이 했다고 한다. 그래서인지 엄마는 외할머니보다 외할아버지가 더 좋았다고 버릇처럼 말했다. 하나부터 열까지 비서처럼 챙겨 주지 않으면 앞가림을 못하는 아버지를 보고 엄마가 절망한 것은 어찌 보면 당연한 일이었다. 결국 어쩔 수 없이 모든 것은 엄마의 몫이 되었고, 긴 세월 엄마는 아버지의 무보수 비서 노릇을 한 것과 다름없었다.

세월이 흘러 아버지를 챙기는 일은 이제 딸들에게로 넘어왔다. '아버지와 모든 면에서 반대인 남자'가 이상형이었을 만큼 아버지의 무능력이 한스러웠다. 대놓고 아버지를 무시한 엄마의 영향이기도 했다. 부모님은 자주 싸웠다. 무시하는 엄마와 무너진 자존심을 세우려고 목소리를 높이는 아버지 사이에서 눈치를 살피느라 유년의 기억은 우울한 회색빛으로 가득했다.

소통에 서툴렀던 아버지는 자식들에게 살갑게 다가가는

방법을 몰랐지만 큰딸인 나에 대한 애정은 각별했다. 하지만 그 사랑이 달갑지 않았던 나는 아버지의 사랑을 번번이 밀어 냈고, 결혼을 하고 가정을 이루어 사는 동안 아버지는 내 삶의 중심에서 점점 더 멀어졌다.

　얼마 전 부모님이 또 크게 다투어 어쩔 수 없이 중재자 노릇을 하러 달려갔다. 아버지가 나를 붙잡고 하소연을 시작했다. 평소 같으면 뻔한 소리라 무시하고 자리를 피했을 텐데, 그날따라 웬일인지 마음먹고 아버지 앞에 앉았다. 묵묵히 아버지 목소리에 귀 기울였다. 아버지는 살면서 억울했던 일, 엄마에게 무시당했던 기억과 상처를 하나씩 끄집어내기 시작했다. 자식들에게 좋은 아버지가 되지 못했던 미안함에 대해서도 이야기했다. 지난 삶의 영상이 아버지의 목소리에 실려 주마등처럼 펼쳐졌다.

　나는 왜 한 번도 아버지 목소리에 귀 기울이지 않았을까? 왜 한 번도 진심으로 아버지 말을 들으려 하지 않았을까? 아버지가 느꼈을 외로움과 쓸쓸함의 무게가 그제야 느껴졌다. 남자로서 마지막까지 내려놓기 힘들다는 자존심을 엄마는 아무렇지 않게 짓밟았고, 엄마의 언어를 체화한 자식들의 무시와 냉대는 피붙이에게조차 이해받지 못하는 비애를 느끼기에 충분했을 것이다.

실패한 가장의 위신은 땅 아래로 추락했고, 가족 내 권력자였던 엄마의 말이 진실로 굳어지는 동안 아버지의 말은 바람결에 이리저리 내몰리는 종잇조각보다 못한 것으로 취급되었다. 절반의 진실 속에서 오해는 불통으로 이어졌으며 고독은 어느덧 아버지 삶의 동반자가 되었다. 오랜 세월 밖으로 꺼내지 못했던 언어는 무덤이 되어 쌓여 갔지만 누구도 그 무덤을 열어 보려고 하지 않았다.

오래오래 아버지 얘기에 귀 기울이고 고개를 끄덕였다. 그동안 미처 몰랐던 사실을 알게 되었고 아버지의 진심을 조금은 이해하게 되었다. 미안하고 죄스러웠다. 평생 외로움과 싸웠을 아버지 생각에 목이 메었다. 어린 시절 이후 처음으로 아버지 손을 잡았다. 여전히 따뜻했지만 물기 하나 없이 버석거리는 손은 부서질 듯 위태로웠다. 딸의 진심 어린 공감 덕분인지 아버지는 화가 풀렸고 누가 시킨 것도 아닌데 엄마에게 먼저 미안하다고 사과했다.

삶이란 어쩌면 부서진 꿈의 잔해에 불과한지 모른다. 어렸을 때는 온몸으로 가난을 겪었고, 자식을 키우는 동안에는 치열한 삶의 현장에서 살아남기 위해 발버둥쳐야 했지만 집한 칸 지키기도 힘든 세월이었다. 은퇴 후 찾아온 황혼도 편안하기만 한 것은 아니다. 늙고 병든 몸이라는 육체적 퇴락과 심리적인 무력감까지 2중으로 떠안아야 하는 삶이 기다리고 있다. 쓸쓸한 인생이다.

부모님은 각자의 방에서 늙은 몸을 간신히 누인 채 필요한 말 외에는 대화가 거의 없다. 자기 연민으로 평생을 산 엄마는 엄마대로, 관계의 단절 속에서 외로움과 싸워야 했던 아버지는 아버지대로 각자가 한 맺힌 인생이었다. 엄혹한 시대를 살아 내면서 온갖 굴욕과 슬픔을 견디고 산 대부분의 이시대 늙은 아버지들은 쓸쓸하다. 외로움을 견디며 천천히 늙어 간다.

얼마 전 아버지가 치매 진단을 받았다. 시간이 조금 더 지나면 아마도 지난 세월을 통째로 잃어버릴 것이다. 엄마의 잔소리, 무시당하며 살아온 수치스러웠던 지난 삶을 더 이상은 기억하고 싶지 않았던 것이었을까. 치매라는 질병 속으로 모든 걸 묻어 버리고 싶었던 건 아니었을까. 자식으로서 참담하기 이를 데 없지만 아버지, 당신 입장에서는 어쩌면 다행인지도 모른다는 생각이 들었다. 불효도 이만한 불효가 없다. ◆◇◆

시어머니는

알츠하이머

환자입니다

◇◇◇◇◇◇◇◇◇◇ 시어머니가 몇 해 전부터 치매를 앓기 시작했다. 성벽처럼 단단하던 성정의 어머님은 하루가 다르게 허망하게 무너져 내렸다. 감정 기복이 심해졌고 하나의 사건이 기억으로 머무는 시간이 점점 짧아졌다. 해외여행을 떠났다가 길을 잃어버린 어머님 때문에 아버님이 무척이나 마음고생도 하였다. 병세가 심각해지면서 자주 집을 나가는 어머님은 어느 날에는 경찰관의 손에, 또 어느 날에는 지나가는 행인의 손에 이끌려 집으로 돌아오곤 했다. 가족들의 관심만으로는 보살피기 힘든 한계 상황에 다다랐다.

65세 이전에 발병하는 치매를 '젊은 치매' 혹은 '조발성 치매'라 한다. 이 조발성 치매에 걸린 의사였던 남편에 대한 19

년간의 간병 기록인 메릴 코머_{Meryl Comer}의 『낯선 이와 느린 춤을』은 이러한 문장으로 시작된다.

> 나와 한집에 사는 이 남자는 내가 사랑해서 결혼했던 그 사람이 아니다.

사랑해서 결혼했던 나의 반쪽이 다른 사람이 되어 버리는 것을 속수무책 바라봐야 하는 심정을 어떤 말로 표현할 수 있을까? 치매 초기에 어머님의 상황을 이해하지 못했던 아버님은 불편한 마음을 '화'로 표현했고 어머님이 환자라는 사실을 자주 잊었다. 부부 싸움이 늘었고 다툰 날이면 울적한 마음에 술을 한잔 한 아버님은 자식들에게 하소연을 늘어놓았다.

처음에는 당황스러웠지만 곧 아버님을 이해하게 되었고 전화벨이 울리면 아버님을 위로하고 힘든 마음에 공감해 드렸다. 시댁으로 달려가는 수고도 마다하지 않으며 어머님, 아버님의 마음을 어루만지고자 노력했다. 하지만 가족들의 노력에도 불구하고 어머님의 상태는 점점 나빠졌다. 결국 아버님도 상황을 받아들이기 시작했고 어머님을 대하는 태도가 한결 부드러워졌다. 이성적인 대화가 불가능하다는 사실을 힘들지만 인정하기 시작하면서 나타난 변화였다.

치매가 발병한 뒤로 일체의 병원을 거부하는 어머님은 마음의 병뿐만 아니라 육체적으로도 점점 허약해지고 있다. 하루하루가 다르게 변해 가는 어머님을 지켜보는 아버님의 심정이 어떠하리란 걸 짐작하는 건 어렵지 않다. '할 수 있는 데까지 내 손으로 네 어머니를 보살피고 싶다'는 아버님의 말씀은 인간이 누군가를 사랑함으로 짊어져야 하는 삶의 무게가 과연 얼마일지 가늠할 수 없게 했다. 삶의 굴곡을 겪으며 함께한 세월의 무게가 결코 가볍지 않으리라는 것만 짐작할 뿐이다. 쇠도 녹일 듯한 격정적인 사랑보다 함께 늙고 병들어 가며 서로를 보듬어 주는 잔잔한 사랑의 무게가 결코 더 가볍다고 할 수 없다.

흔히 치매라고 알려져 있는 병의 대부분은 알츠하이머병을 일컫는다. 늘 사용하던 어휘가 기억나지 않거나 물건을 잃어버리는 사소한 것으로 시작하지만, 시간이 지나면서 길을 잃어버리거나 중요한 일을 잊어버려 일상생활이 점차 힘들어지기 시작한다. 처음에는 단순히 건망증이나 나이가 들면서 나타나는 기억력 감퇴 정도로 생각해 가볍게 넘기기 쉽지만 병이 진행될수록 일상생활, 직업 생활 등에 영향을 미치게 되고 결국 생활 전반에 걸쳐 독립적인 역할을 할 수 없는 상황에 이르게 된다. 무엇보다 치매는 자신을 다른 누군가로 바꾸어 놓는다는 점에서 슬프고 무서운 병이다. 최근 연구 결과에서 알츠하이머병의 87%에서 우울 증상이 동반된다는 것이 밝혀졌다. 기억력이 사라지고 생활 전반에 걸친 능력을 하나둘 잃어버리면서 결국은 존재 자체가 상실되는 과정에서 우울은 당연히 동반되는 증상인지도 모른다. 어쩌면 환자는 자신을 바라보는 타인의 시선이 아니라 스스로에 대한 시선이 더 견디기 힘든 건 아닐까?

영화 「스틸 앨리스」는 치매에 걸린 한 평범한 여성의 존엄과 독립된 인격체로서의 실존에 대한 이야기다. 열정적이고 능력 있는 언어학자였던 앨리스는 어느 날 갑작스럽게 기억을 잃게 되고 조발성 치매 진단을 받게 된다. 믿을 수 없는 현실에 직면한 그녀는 직장과 가정, 그리고 사회 속에서 점차 자신의 역할을 상실하게 된다. 교수로서 수업 능력을 잃게 되고 조깅을 하러 나갔다가 길을 잃어버리기도 한다. 병은 점점 앨리스를 침범해 들어가고 가족들은 배려라는 명목으로 앨리스를 아이처럼 보호하려고만 한다. 본의 아니게 앨리스는 가족 내에서 고립되고 존중받지 못한다는 느낌 속에 빠진다.

치매의 경우 환자와 병을 분리해서 생각하기 어렵다. 병과 환자를 동일시하게 되고 그로 인해 환자는 병을 앓는 와중에도 기쁨과 행복의 시간을 보낼 수 있음에도 불구하고 인생의 코너에 몰린 듯한 기분에 일찌감치 많은 것을 포기하게 된다. 결국 자발적으로 삶에서 자신을 격리시키게 된다.

둘째 딸의 배려로 알츠하이머 협회에서 연설하는 기회를 갖게 된 그녀는 용기를 내어 세상과의 소통을 이어 가기로 한다. 언어학자인 그녀에게 소통은 자신의 존재 증명 그 자체이기 때문이다. 많은 사람들 앞에서 병을 고백한 그녀는 '고통받는' 대신에 '싸우기로' 결심했다고, 과거를 그리워하고 절망하기보다는 현재를 살아가는 쪽을 택했다고 담담하게 얘기한다. 병에 걸렸지만 그녀는 '여전히 앨리스Still Alice'였다. 기억을 잃어가는 어머님이 '여전히 어머니Still Mother'인 것처럼.

지난여름 시부모님을 모시고 해외여행을 다녀왔다. 아들 며느리와의 여행을 어머님은 아마 기억하지 못할 것이다. 어머님의 기억은 아주 먼 옛날에 머물러 있고 그마저도 조각난 파편으로 흩어져 있다. 여행의 흔적이나마 어머님의 기억 속에 심고 싶었다. 그리고 그 흔적은 '사랑'이라는 이름으로 각인되었으면 좋겠다. 기억은 사라져도 사랑은 남게 마련이니까. ◆◇◆

당신은

내가 원하는

부모인가요?

◇◇◇◇◇◇◇◇◇◇ 20세기를 대표하는 작가이자 실존주의 문학의 선구자 프란츠 카프카 Franz Kafka 는 하루아침에 벌레로 변한 인간의 실존과 부조리를 매혹적으로 묘사한 책 『변신』의 작가로 잘 알려져 있다. 하지만 그의 삶은 그리 평탄하지만은 않았다.

평생 아버지의 그늘에서 벗어나지 못한 카프카는 아버지의 욕망에 따라 법학도가 되어야만 했고 죽기 2년 전까지 보험 회사 직원으로 일해야 했다. 회사 일 때문에 주로 밤에만 글을 써야 했고 고된 이중생활은 그에게 고문이나 다름없었다. 아버지의 기대에 미치지 못한 자신을 자책하며 평생을 불행하게 살았지만 우리는 그가 천재적인 작가라는 사실을 잘 알고 있다. 부모의 기대 속에서 자아가 망가진 사람, 비단 카프카만의 이야기는 아닐 것이다.

"이게 나 좋자고 그러는 거냐? 다 너 잘 되라고 그런 거지!" 누구나 한 번쯤은 들어 본 낯설지 않은 말이다. 부모의 과대한 기대 심리 속에는 자녀의 업적이 곧 부모의 자존감이라는 등식이 자리하고 있다. 내가 이루지 못한 욕망을 자녀가 대신 이루어 주길 바라는 보상심리도 있다. "이번 시험 잘 보면 휴대폰 바꿔 줄게." "성적 오르면 네가 갖고 싶은 거 사 줄게." 라며 조건을 내거는 데는 이러한 이유들이 자리잡고 있다.

자신을 위해 밤낮으로 희생하는 부모를 보며 자녀는 심리적 부채감을 키운다. 학대하거나 때리는 부모라면 미워할 만한 합당한 이유라도 있지만, 아무리 잔소리를 한다고 해도 결국 자식이 잘 되라고 하는 마음이란 걸 아이도 알기 때문에 어떻게 해서라도 부모의 기대에 부응하려고 노력한다.

하지만 부모가 그랬듯이 아이의 삶 또한 만만할 리 없다. 부모의 기대에서 점점 멀어지는 자신을 자책하며 죄책감을 느끼게 된다. 아이들은 좋은 대학에 가지 못해서, 대기업에 취업하지 못해서 부모님께 미안하다고 말한다. 자녀의 실패(?)에 대해 "네가 하고 싶은 일을 해라" "네가 행복하면 되지,

사는 게 별거냐?"고 쿨하게 말하지만 아이들은 이미 알고 있다. 내심 좋은 대학, 버젓한 직장을 바란다는 것을. 자신에 대한 실망감은 낮은 자존감으로 이어지고 심리적 부채감까지 더해진 삶은 망망대해에서 길을 잃고 표류하는 나룻배 신세가 된다.

아이를 키우면서 '내 아이가 혹시 천재가 아닐까?'라는 생각을 한 번도 안 해 본 부모는 없을 것이다. 나 역시 유달리 일찍 한글을 뗀 둘째를 보며 혹시나 하는 마음을 품었다. 재능 있는 아이를 위해 무언가를 해 줘야 할 것 같은 마음이 생기면 부모는 조급해진다. 아이 손을 잡고 영재 테스트를 받기 위해 학원으로 발걸음을 옮긴다. 하지만 시간이 지나면 대부분의 '혹시나'는 '역시나'로 끝난다. 물론 내 경우도 다르지 않았다. 여기서 끝나면 다행인데 그렇지 않은 부모도 있다. 자신이 바랐던 이상적인 모습에 대한 미련을 버리지 못한 채 '혹시나'와 '역시나' 사이를 끊임없이 오가며 안절부절못한다.

부모가 아이에게 기대를 품는 것이 잘못은 아니다. 부모로서 누려야 할 당연한 권리이자 기쁨이기도 하다. 긍정적인 기대는 아이에게 자신감을 심어 주기도 한다. 하지만 기대에 부응하지 못했을 때 부모가 보이는 '반응'이 문제다. "왜 이 것밖에 못하냐?"고 화를 내고 닦달하기 시작하면 자녀는 불행의 늪에서 헤어 나오기 어렵다. 부담감과 죄책감 사이에서 길을 잃고 방황하게 된다.

초등학교에 다니던 시절, 공부의 목적은 오로지 엄마를 기쁘게 해 주기 위해서였다. 공부를 제법 했더니 엄마의 기대가 하늘을 찔렀다. 받아쓰기를 틀리거나 수학 문제 하나만 틀려도 야단을 맞았다. 시험 때마다 긴장해서 이름을 쓰는 난에 '최'라고 쓰는 대신 매번 '초'라고 썼다. 일종의 시험 불안 증상이었다.

자크 라캉 Jacques Lacan은 '인간은 타자의 욕망을 욕망한다'고 했다. 부모의 욕망을 자신의 욕망으로 착각한 아이들은 자신의 정체성을 부모의 기대와 요구에 맞추려고 애쓴다. '공부 잘하는 딸'에 대한 엄마의 욕망은 '공부 잘하는 사람이 되고 싶다'는 나의 욕망으로 환치되었다. 그로 인해 한창 뛰어놀아야 할 나이에 공부하느라 친구들과 잘 어울리지 못하는 부작용을 초래했다. 공부 잘하는 딸이 되어야만 사랑과 인정을 받을 수 있다는 것을 본능적으로 감지했기 때문이었다. 더 큰 부작용은 나중에 나타났다. 정작 진짜 열심히 공부해야 할 고등학생일 때는 책상에 엎드려 잠만 자느라 엄마의 기대와는 한참 멀어지고 말았다.

아이에 대한 기대는 애초에 부모가 일방적으로 시작한 것에 불과하다. 아이는 동의한 적도 없고 기대를 가져 달라고 애원한 적도 없다. 그저 착한 아이가 되어 사랑받고 싶은 욕망 외에는 없다. 다행히 기대에 부응해 주면 고마운 일이지만, 부모의 환상을 채워 주지 못했다고 화를 내는 건 억지에 가깝다. 자식도 엄연히 타인이며 나와 성격도 다르고 취향과 감정도 모두 다르다. 자식이라는 이유만으로 부모의 욕망과 기대에 따라야 한다고 믿는다면 자녀를 소유물로 취급하는 것과 다를 바 없다.

일본 영화의 거장 오즈 야스지로Ozu Yasujiro는 '부모가 자녀에게 해 줄 수 있는 가장 좋은 일은 일찍 죽어주는 것'이라고 했다. 한 인간이 주체적인 존재로 거듭나기 위해서는 부모와의 결별이 반드시 필요하다는 말이다. 이 과정을 제대로 겪지 못하면, 성인이 되어도 자신의 욕구나 감정을 알아차리지 못한 채 착한 아이 콤플렉스에서 영원히 빠져나오지 못한다. 타인의 평가에 과도하게 집착하고 눈치 보는데 급급해서 정작 자신이 원하는 것이 무엇인지 알지 못한다.

자녀를 기쁘게 떠나보내자. 그리고 부모도 자신의 인생을 살자. 이기적으로 살라는 말이 아니다. 열심히 사는 부모를 보며 아이들은 자신의 삶에 대해 고민하게 되고 이 과정에서 진짜 어른이 된다.

부모가 아이에게 기대를 거는 만큼 아이도 부모에 대한 기대가 있다. 자녀가 내가 원하는 모습이 되길 강요하기 전에 "당신은 내가 원하는 모습의 부모인가요?"라는 아이의 질문에 자신 있게 답할 수 있는지 먼저 고민해야 하지 않을까? '이게 다 널 위해서'란 말이 진짜 '널 위해서'인지 다시 한번 생각해 보아야 한다. "엄마 아빠 탓이야!"라는 부메랑으로 되돌려 받지 않기 위해서는 말이다. ◆◇◆

◇◇◇◇◇◇◇◇◇◇ 몇 년째 허리 때문에 고생하던 엄마가 드디어 수술을 받기로 결단을 내렸다. 서울로 모시고 와 집에서 가까운 척추 전문 병원에서 수술을 받았다. 워낙 고령이라 걱정이 많았지만 다행히 힘든 수술을 잘 견뎌 냈고 경과도 나쁘지 않았다. 수술이 끝난 후에도 당분간 한 달에 한 번은 경과를 지켜봐야 했기에 동생과 번갈아 친정으로 내려가서 엄마를 모셔 오고 모셔 가는 일을 반복했다.

친정에는 엄마보다 더 연로한 아버지 밖에 안 계시기 때문에, 수술 후로는 우리 집에 올 때마다 내가 몸을 씻겨 드리곤 했다. 바쁘게 살다 보니 엄마와 함께 목욕을 한 게 언제인지 기억도 나지 않을 정도로 무심한 딸로 살아왔다. 내 새끼만

챙길 줄 알았지 정작 내 엄마는 한 번도 제대로 챙겨지 못했다는 뒤늦은 후회가 밀려왔다. 욕실에 엄마를 앉히고 때수건으로 묵은 때를 밀었다. 거동이 불편해 혼자서 제대로 씻지 못했던 엄마의 몸에서는 굵은 때가 쉼 없이 밀려 나왔다.

엄마는 젊었을 때 피부 미인이란 소리를 들을 정도로 살성이 희고 고왔다. 어렸을 때 엄마를 따라 동네 목욕탕에 가면 유난히 희고 탐스러운 엄마 피부와 가무잡잡한 내 피부는 모녀간이라 믿기 어려울 정도로 대조적이었다. 하지만 무심한 세월은 엄마도 비켜 가지 못했다. 장작개비처럼 마른 다리와 힘없이 늘어진 피부는 허리 쪽의 거친 수술 자국과 함께 신산스러운 지난 삶의 궤적을 고스란히 드러내고 있었다. 목이 메었다. 엄마가 뭐라고 말을 붙였지만 못 들은 척 묵묵히 때만 밀었다.

어렸을 때 우연히 엄마의 처녀 시절 사진을 본 적이 있었다. 흑백 사진 속의 엄마는 당시 유행하던 최신식 양장에 단아한 올림머리로 한껏 멋을 냈다. 친구들과 팔짱을 끼고 밝게 웃으며 카메라를 응시하고 있었다. 고궁에서 찍은 사진인 듯했다. 사진 속의 엄마는 무척이나 낯설었다. 당장이라도 이 종이 속에서 튀어나와 나를 버리고 나비처럼 훨훨 날아갈 것만 같았다. 서둘러 앨범을 덮고 사진 속의 엄마 모습을 애써

지우려고 했던 기억이 난다. 엄마에게도 청춘이 있었고 꿈이 있었다는 사실을 받아들이기까지는 내가 철이 들고도 꽤 긴 시간이 필요했다.

왜 엄마는 처음부터 엄마로 태어난 사람이라고 생각했을까? 엄마에게도 분명 인생의 봄과 여름 그리고 가을이 있었을 것이다. 이른 봄, 살짝 고개를 내미는 여린 새싹과도 같은 유년기, 꿈을 머금은 아름다운 여고 시절과 찬란한 청춘의 여름도 지나왔을 것이다. 결혼 후 자식들을 키우는 동안 조금씩 빛이 바래져 가는 나뭇잎처럼 인생의 가을도 지나왔다. 이제 춥고 고독한 겨울의 막바지를 지나고 있는 엄마. 건강마저 여의치 않아 거동이 불편한 엄마의 등에 쌓인 굵은 때를 밀며 세월의 때도 말끔히 밀어 버리고 싶었다.

먼 거리의 친정을 오가는 일이 점점 힘에 부치기도 했고, 고령인 두 분 부모님이 더 이상 생활을 꾸려나가기 힘든 지경에 이르렀다. 결국 내가 살고 있는 곳 근처로 부모님을 모시기로 한 날이었다. 친정으로 향하는 발걸음이 돌을 매달은 것처럼 무거웠다. 이삿짐센터에 짐을 맡기고 부모님은 차로 모시느라 친정으로 내려갔다. 봄은 한창이었지만 마음은 차디찬 겨울의 한 자락을 지나는 것 같았다.

이사를 하루 앞둔 집은 부모님의 삶처럼 어수선했고 낡은 짐들이 여기저기 함부로 부려져 있었다. 근육이 모두 빠져나간 다리는 체중을 지탱할 힘조차 남아 있지 않아 한 걸음 한 걸음이 버거운 아버지는 내 삶의 보호자로 단정하게 자리하던 예전의 모습과는 한참 거리가 있었다. 허리 수술 후 더욱 수척해진 엄마는 펠리컨처럼 늘어진 목살로 나를 슬프게 했다. 이제는 내가 늙은 부모의 보호자가 되어야 했다.

짐이라고 할 것도 없다 보니 새로운 집은 금방 정리되었고, 도착과 동시에 두 분은 방 하나씩을 차지하고 자리에 누웠다. 나머지 짐을 정리한 뒤 반찬 몇 가지를 만들어 냉장고를 채운다. 딸이 분주하게 움직이는 동안 부모님은 말이 없었다. 허공을 응시하며 무기력하게 의존할 뿐이었다. 그 눈길이 부담스러웠고, 부담스러운 마음은 죄책감으로 이어졌다.

거동이 자유롭지 않게 된 이후로 부모님은 자주 미안하다고 한다. 하지만 인간인 이상, 몸은 어느 때가 오면 통제에서 벗어나게 되어 있다. 자유 의지로 가능하지 않은 순간이 누구에게나 찾아온다. 부모님의 '개별적인' 늙음과 고통은 피붙이인 딸조차도 온전히 모두 이해할 수 없다. '누구나 겪는 늙음'의 단계를 지나고 있다는 일반적인 명제 속에 가두기엔 두 분이 지나온 삶의 스펙트럼은 한없이 넓었다.

고통 속에 있는 인간은 외롭고 고독하다. 부모님의 고통과 고독의 한 자락도 나눠 가질 수 없는 나는 그 고통을 이해하고자 노력한다. 영화 평론가 김혜리의 말대로 '정확하고자 하는 노력이 사랑'이라면 부모님의 고독과 슬픔의 정확한 지점에 닿기 위한 노력을 '사랑'이라는 말로 대신할 수는 없을까. ◆◇◆

나는

환영받은

아기였나요?

●

○○○○○○○○○ 아이들이 부모에게서 가장 듣기 싫어하는 말 1
순위는 바로 존재를 부정하는 말이다. "널 낳고 미역국을 먹
었으니!" "너를 낳지 말았어야 했는데…." 무심코 이런 말을
하는 부모는 아이가 받을 마음의 상처를 미처 깨닫지 못한
다. 존재를 부정당한 아이들의 삶은 그래서 출발부터 외롭고
고단하다.

정신과에서는 환자들의 개인력을 기술하는 칸의 첫 줄에
'출생 시 환영받지 못한 아기'였는지 '환영받은 아기'였는지
의 여부를 기록하게 되어 있다고 한다. 한 인간이 받은 심리
적 상처의 근원을 파악하는 중요한 단서가 되기 때문이다.
환영받지 못한 아기의 경우 부모의 왜곡된 정서에서 자유롭

기 힘들다. 잘못으로 인해 미움을 받을 경우 그 행동을 삼가는 노력을 통해 미움에서 벗어날 수 있지만 존재 자체에 대한 거부는 아이에게 어떻게 해도 벗어날 수 없는 심연과도 같은 무력감을 안겨 준다.

A라는 사람이 있다. A는 공부 잘하고 말 잘 듣는 모범생 언니와 남동생 사이에서 구박덩어리로 자랐다. 조금만 잘못해도 불호령이 떨어졌고 매사를 언니 동생과 비교당했다. 부모에 대한 불만은 사춘기의 방황으로 이어졌고 점점 학업과 담을 쌓게 되었다. 입시에 실패한 둘째를 부모는 대놓고 무시했고, 겉돌기만 하던 A는 가족에게서 벗어나고픈 마음에 결혼을 도피처로 선택했으나 결국 이혼했다.

A 외에도 잘난 형제들 틈에서 혹은 또 다른 이유로 부모로부터 심리적, 물리적 학대에 가까운 대우를 받으며 성장한 사람들이 있다. 살기 어렵던 시절을 다룬 예전 드라마를 보면, 어려운 가정 형편 탓에 맏이나 아들만 대학을 보내고 나머지 가족은 희생당하는 모습이 심심찮게 등장한다. 자식 하나만이라도 성공을 해야 집안을 일으킬 수 있다는 헛된 믿음 아래 온갖 정성을 다해 뒷바라지한다. 희생양이 된 다른 자식은 부모에 대한 원망을 키워 결혼을 하면 아예 왕래를 끊거나 평생 한을 간직한 채 생을 마감하기도 한다. 똑같은 자

식임에도 누구는 관심의 대상이 되는 반면 또 다른 누구는 관심 밖으로 밀려나는 경우, 가족에게서 버림받고 부정당한 기억은 내내 그 사람의 인생에 어두운 그림자를 드리운다.

엄마를 숨지게 한 뒤 시신을 방치한 고등학생이 세상에 알려져 충격에 휩싸인 일이 있었다. 학교에서 모범생이었던 아들이 존속 살해범이 된 이유는 학대 때문이었다. 살해 전 엄마는 아들에게 공부를 강요하며 거의 사흘이나 잠을 못 자게 했으며 심지어 정신력을 키운다며 밥까지 굶겼다고 한다. 책상에서 잠깐 졸았다는 이유로 9시간 동안 때리기도 했다. 아들은 공부에 대한 심한 압박에 시달리다가 성적표를 조작했지만 조작한 성적에도 만족하지 못했던 엄마는 아들에게 물리적, 정서적 폭력을 휘둘렀다. 결국 심각한 학대에 생명의 위협을 느낀 아들은 참지 못했고, 엄마를 살해한 비극의 주인공이 되고 말았다.

이 사건은 자식을 하나의 인격체로 생각하지 않은 채 부모의 욕구와 필요에 의해 온갖 폭력을 서슴지 않았던 가정이 맞은 파국적 결말이었다. 엄마는 아들을 존재 자체로 인정하지 않았고 자신의 욕망과 틀에 맞추기 위한 도구로 생각했다. 또한 부모의 부정과 거부에 대해 아들이 극단적인 방법으로 맞선 안타까운 사건이기도 하다.

눈 밖에 난 자식도 부모의 정이 그립다. 세월이 흘러 부모가 늙고 병들게 되었을 때, 뜻밖에 속을 썩이던 자식이 부모 곁을 지키는 경우가 있다. 어린 시절 학대에 가까운 대접을 받은 걸 감안하면 부모에 대한 이들의 정성은 쉽게 이해하기 어렵다. 중년이 다 된 나이에도 부모의 말 한마디, 칭찬 한마디에 좌지우지되는 이유는 인간에게 결핍을 채우려는 본능적 욕구가 있기 때문이다. 제때 받지 못한 인정과 사랑에 대한 타는 듯한 갈증 때문이다. 결핍이 크면 클수록 관계에 대한 집착도 심해진다. 부모와 자식처럼 대체 불가능한 관계에서는 특히나 더 그렇다.

대체 불가능한 존재가 아이를 학대하고 방기하면 아이는 공허를 메우기 위해 '선택적인 사랑밖에 주지 않는 부모'라는 위태로운 끈에 매달려 애정을 구걸해야 한다. 모든 자녀가 부모 마음에 흡족하면 더할 나위 없이 좋겠지만, 못나고 모자란 자식이더라도 부모라면 조금 더 품어 주어야 하지 않을까? ◆◇◆

그렇게 당부했는데 ●

벨은

왜 눌렀어?

◇◇◇◇◇◇◇◇◇◇ 교환 학생으로 스페인으로 떠난 큰아이가 보고 싶어서 책장 한구석의 오래된 사진첩을 꺼냈다. 아이와 함께 했던 지난 시간들이 박제된 동물처럼 그 시간에 멈춰 있었다. 베레모를 쓰고 한껏 멋을 부린 아이, 앙증맞은 표정으로 사탕을 먹고 있는 사진, 뭐가 그렇게 서러운지 울음을 터트린 모습 등 추억의 장면들이 하나둘 소환되었다.

글이란 걸 처음 쓰게 된 것은 큰아이와의 교감을 위해서였다. 논리적인 아이와 감정적인 엄마 사이의 대화는 자주 냉랭하고 싸한 분위기로 막을 내리곤 했다. 아이의 모난 부분을 깎아서 둥글게 만들어 주고 싶었다. 조각 작품을 다듬듯 각진 모서리는 부드럽게 깎아 내고, 튀어나온 곳은 정으로 두드려 눈에 띄지 않게 해 주고 싶었다. 둥글면 둥근 대로, 모난 것은 모난 대로 그 자체가 아이의 고유한 특성임을 미처 깨닫지 못했던 어리석은 엄마는 아이를 제가 원하는 모습으로 다듬으려고만 했다.

'모난 돌' 취급당한 아이 입장에서는 참으로 억울한 노릇이었을 것이다. 원래 그렇게 생겨 먹은 것을 어쩌란 것인지 당황스러웠을 것이다. 자신의 방식대로 끌고 가려는 엄마와 호락호락하지 않은 아이 사이에서 발생한 균열은 날이 갈수록 그 정도가 심각해졌다. 접점을 찾지 못하고 고민하던 중, 문득 말보다 글이 낫겠다는 생각이 들었다. 말은 한번 입 밖으로 나오면 주워 담기 힘들지만 글은 여러 번의 퇴고를 거쳐 정제된 상태로 전달이 되기 때문에 실수가 적을 것 같았다.

글의 힘을 믿어 보기로 했다. 다행히 예상은 적중했고, 글을 통한 소통은 모녀 사이의 거리를 조금씩 좁혀 주었다. 때를 놓쳐 버린 말, 차마 하지 못한 말, 가슴에 갇힌 말들을 종이에 한 글자 한 글자 꾹꾹 눌러 담았다. 종이에 담긴 엄마의 마음은 아이의 가슴에 돋을새김으로 각인되었다. 끝없이 평행선만 달리던 모녀를 이어 준 것은 '글'이라는 매개체였다.

큰아이가 어렸을 때의 일이다. 당시 나는 독박 육아에 시달리고 있었다. 아이 셋을 혼자서 키우느라 전쟁터를 방불케 할 정도로 힘든 나날의 연속이었다. 세 아이 모두 성격도 제각각이었고 하는 짓도 모두 달랐다. 커갈수록 다양한 변수가 추가되어 육아 방정식의 난이도는 나날이 정점을 찍었다. 하지만 세 아이들에게도 공통분모가 있었으니, 바로 잠이 없고 잠귀가 예민하다는 것이었다.

부모 입장에서는 치명적인 난제가 아닐 수 없었다. 둘째와 셋째는 두 살밖에 차이가 나지 않아서 더더욱 힘들었다. 보채는 둘째를 겨우 재운 후 까치발을 하여 방을 빠져나오는 순간, 막내가 깨어 울어댄다. 그 바람에 간신히 잠든 둘째까지 덩달아 깨서 쌍으로 울어대면 내 영혼은 머나먼 은하수로 날아가 버리곤 했다.

하루하루가 전쟁이었기에 큰아이에게 각별히 주의를 주었다. "외출하고 돌아올 때는 절대로 벨을 누르지 말 것! 반드시 문을 살짝 노크할 것!"이라는 엄명을 내렸다. 요즘은 전자 키로 조용히 문을 따고 들어오지만 당시는 지금처럼 일반적으로 전자 키를 사용하기 전이었다. 잠귀 예민한 아이들은 벨 소리를 들으면 바로 깨기 때문에 내린 특단의 조치였다.

한동안 큰아이는 내 말대로 잘 따라 주었다. 그러던 어느 날 사달이 나고 말았다. 여느 날과 마찬가지로 잠과의 한 판

전쟁을 치른 후 간신히 둘을 재웠는데 갑자기 벨 소리가 울렸다. 그 순간 내 귀에 들어온 현관 벨 소리는 에밀레종 소리보다 더 크고 웅장했다. 혼비백산해서 뛰어나갔더니 피아노 학원을 마치고 돌아온 큰아이가 누른 거였다. 동생들은 이미 잠에서 깨어 자지러지게 울어댔다.

화가 머리끝까지 치밀었다. 꼭지가 돈다는 말은 이럴 때 쓰는 말이란 걸 생생하게 체험한 순간이었다. 인정사정 보지 않고 소리부터 질렀다. "엄마가 그렇게 당부했는데 벨은 왜 눌렀어? 응?" 아이가 미처 대답할 새도 없이 고함 소리, 부라린 눈, 등짝 스매싱을 포함한 야단 3종 세트가 속사포처럼 날아갔다. 날벼락을 맞은 아이는 울음을 참느라 말을 제대로 잇지 못했다. 답답한 모습에 더욱 화가 치밀었고 더 큰 소리로 아이를 추궁했다.

융단 폭격이 한참이나 이어진 후에야 가출했던 제정신이 복귀했다. 그때서야 큰아이가 울먹이며 말했다. "며칠 동안 내가 계속 지켜봤더니 학원에 갔다 오는 시간에 동생들이 자지 않고 깨어 있었어. 그래서 동생들 자는 시간이 바뀐 것 같아서, 이젠 괜찮겠지 싶어서 벨을 눌렀어." 아뿔싸! 순간 말문이 막혔다. 아이가 엄마의 당부를 무시하고, 충동적으로, 생각 없이 벨을 누른 게 결코 아니었다.

당시 여섯 살의 어린 나이였음에도 자기 나름대로 며칠 동안 동생들의 수면 시간을 꼼꼼히 체크해 보고 내린 신중한 결정이었던 것이다. 너무 미안했다. 쥐구멍이라도 있으면 숨고 싶은 심정이었다.

이 사건 이후, 아이의 의견을 최대한 존중하려고 애썼다. 여러 번 생각하고 다각도로 고민한 결과라는 것을 알게 되었기 때문이다. 어리다고 무시한 것이 얼마나 어리석은 행동이었는지 깨달았기 때문이다. 어린 동생들 때문에 투정 한번 제대로 부리지 못하고 일찌감치 철이 든 아이였다. 육아에 지쳐 나날이 피폐해져 가는 자신에 대한 연민으로 어린 나이에 동생을 둘이나 둔 큰아이의 고충은 미처 헤아리지 못했다.

심리학자 알프레드 아들러Alfred Adler는 동생을 본 큰아이의 심정을 '폐위된 황제'에 빗대어 얘기했다. 부모의 사랑을 독차지하다가 순식간에 나락으로 추락한 큰아이의 심정은 폐위된 황제와 다르지 않다는 것이다. 그만큼 상실감이 크다는 얘기일 것이다. 하지만 육아 전쟁을 치르는 동안에는 한 살이라도 더 어린아이에게 관심이 갈 수밖에 없었다. 동생과 비교할 때 이미 다 큰 어른처럼 느껴지는 큰아이에게서 서둘러 손길을 거둬들였던 것이다.

　동생을 본 큰아이 역시 똑같이 어린아이에 불과하다는 것을 그때는 미처 깨닫지 못했다. 피곤에 지친 엄마를 보며 자신의 욕구를 드러내 놓고 표현하지 못했을 테다. 타고난 내향성으로 감정 표현도 별로 없었다. 아이는 커갈수록 점점 자기표현에 인색해졌고, 속을 몰라 애만 태우는 동안 소통은 점점 더 힘들어졌다. 육아에 지쳐 큰아이의 마음 밭을 제대로 돌보지 못한 사이 아이는 결핍을 채우려고 홀로 몸부림치고 있었다.

　나와는 다른 아이의 기질도 모녀 사이를 멀어지게 하는 데 기여했다. 화성에서 온 엄마는 금성에서 온 아이를 온전히 이해하기 어려웠다. 논리적이고 합리적인 성향은 냉정하고 야박하다고 몰아세웠고, 창의적인 모습은 엄마 속을 뒤집어 놓는 엉뚱한 행동으로 받아들였다. 모난 돌처럼 도드라져 보였지만 속은 누구보다 상처 받기 쉬운 여린 아이였음을 몰랐다.

　부딪치고 상처 받으며 실랑이를 벌이는 세월이 쌓여 가는 동안 조금씩 아이를 이해하게 되었다. 지금 그나마 엄마 노릇을 제대로 하고 있다면 그건 온전히 큰아이 덕분이라고 해도 과언이 아니다. 그만큼 힘들기도 했지만 한편으로는 부모로서 고민하고 성장할 수 있도록 많은 질문을 던져 준 아이였기 때문이다. 아이마다 각기 다른 빛깔을 타고났고 부모는 아이가 가진 고유의 빛깔대로 성장할 수 있도록 도와주는 것이 중요하다는 사실을 깨닫게 해 준 것도 큰아이가 준 선물이었다.

각지고 날카로운 모서리가 진 돌도 그 자체로 소중하다. 둥글둥글한 무난함도 좋지만 날카롭게 벼린 날이 어쩌면 세상을 변화시킬지 누가 알겠는가. 까칠하지만 생각 깊은 큰아이가 그래서 고맙고 이쁘다.

철부지였던 아이는 어느새 자라 먼 타국에서 자신의 길을 묵묵히 가고 있다. 별로 해 준 것 없는 엄마의 양육 덕분(?)인지 일찌감치 홀로서기를 터득한 큰아이가 오늘따라 유난히 보고 싶다. ◆◇◆

결국은

나의 삶,

나의 선택이다

◇◇◇◇◇◇◇◇◇◇◇ 엄마가 사전연명의료의향서를 작성했다. 기분이 착잡했다. 존엄사법 시행 이후, 연명 치료를 거부한 환자가 1년간 3만 6천 명에 이르고 사전 의향서를 작성한 사람도 11만 5천 명에 육박한다고 한다. 죽음에 대한 사회의 인식이 변화되고 임종 문화도 점차 변하고 있음을 알려주는 지수다. 의료 기술이 점점 발전함에 따라 평균 수명이 늘어나고 있지만 의미 없는 생명연장은 하지 않겠다는 사람이 늘어나면서 안락사에 관한 논쟁도 계속 이어지고 있다.

2018년 5월, 호주의 104세 식물학자 데이비드 구달David Goodall은 존엄한 죽음을 맞겠다며 안락사가 합법화된 스위스로 향했다. 그는 자살을 돕는 비영리단체의 도움으로 정맥 주사기에 연결된 밸브를 직접 돌렸다. 생명의 자기 결정권을 행사한 것이다. 의료진과 손자들이 지켜보는 가운데 베토벤 교향곡 9번 중 「환희의 송가」를 들으며 존엄한 죽음을 맞았다.

기자 회견에서 박사는 "6년 전부터 시력이 몰라보게 떨어졌고 더 이상 삶을 이어 가는 게 의미가 없다."고 말했다. 대부분의 국가에서 연명 치료를 중단하는 '존엄사'는 허용되지만 독극물 주입 등을 통해 인위적으로 죽음을 앞당기는 '적극적 안락사'를 허용하는 나라는 거의 없다. 구달 박사가 스위스까지 날아간 이유였다.

평소 입버릇처럼 혹시라도 의식이 없는 상태에서 연명 치료를 해야 하는 지경에 이를까 봐 우려하던 엄마는 이런 제도가 생겼다고 누구보다 반기었다. 살아생전 당신 손으로 직접 삶에 대한 결정권을 행사하고, 자식들의 짐을 들어주고자 한 것이다. 좀 더 나이가 들면 나 역시 그렇게 하겠지만 막상 부모님이 연명 치료 거부 의사를 밝혔다고 하니 마음이 편치만은 않았다.

영화 「씨 인사이드」는 26년 전 다이빙을 하다가 바닥에 머리를 부딪치는 사고를 당한 후 '죽은 몸뚱이에 머리만 붙어 있는 사람'이 되어 가족들의 도움으로 사는, 그러나 안락사

할 권리를 위해 투쟁한 라몬 삼페드로의 투쟁의 기록이다. 라몬의 경우 하루하루가 고통이었고 더 이상 살아가야 할 이유도 없었다. 가족들에게는 평생 돌봐야 할 '짐'이었고 눈을 뜨는 순간 삶의 고통이 또 하루 연장되었다는 절망감 외에 다른 의미는 없었다. 생생한 삶의 고통 앞에서 그는 안락사를 위해 교회와 법정, 언론을 상대로 힘겹게 싸운다. 말 그대로 '죽기 위해서 죽을힘을 다해' 투쟁했다.

그동안 안락사에 대한 논의는 안락사에 대한 찬반 여부의 문제로만 다루어졌다. "(신이 주신) 고귀한 생명을 인간의 손으로 어찌할 수 없다."는 것이 안락사 허용을 반대하는 입장의 논리였다.

영화 속에는 아들이 죽은 것보다 더 고통스러운 것은 아들이 죽으려고 한다는 것이라고 말한 늙은 아버지와, 자신의 집에서는 자기가 죽기 전엔 누구도 죽을 수 없다고 단호하게 말하는 라몬 형이 등장한다. 그들은 실체를 알 수 없는 관념적인 죽음에 압도당해 타인의 삶에 자신의 기준을 내세워 개입하고, 생명 윤리 운운하며 환자의 고통을 외면한 것은 아니었을까. 당위적 윤리에 갇혀 환자의 고통을 볼모로 기존의 통념을 수호하는 행위는 과연 윤리적으로 합당한 것일까? 라몬에게는 실체가 느껴지지 않는 관념적인 죽음의 공포보다

'지금, 여기' 삶의 고통이 훨씬 더 생생했다. 그가 그토록 죽고 싶어 했던 이유였다.

영화를 보는 동안 주인공 라몬의 고통보다는 자식을 떠나보내야 하는 부모의 고통에, 사랑하는 동생의 죽음을 지켜봐야 하는 형의 절망에 더 쉽게 감정 이입되었다. 삶을 제 손으로 멈추는 행위, 생명을 인위적으로 없애는 행위는 인간의 영역을 넘어서는, 오직 신만이 관장하는 범접할 수 없는 세계의 일이라고 단정지었기 때문이다.

하지만 죽음은 언제나 개별적이다. 개별 자아의 죽음 속에는 보편성이 없고 일반화의 테두리 안에 가둬 두기엔 수많은 특수성이 존재한다. 어떤 사람도 정확히 동일한 선상에 놓을 수 없고, 오로지 그 상황 속에서만 이해되고 가능한 선택이 있을 뿐이다. 자신 외에는 누구도 이해할 수 없는 진실은 분명히 존재한다.

영화를 다 보고 나서야 고통받는 자의 시선에 가까스로 닿을 수 있게 되었다. 이 영화를 통해 안락사의 본질에 대해 새롭게 고민하게 되었다. 영화는 안락사 문제의 본질은 '생명'이 아니라 '고통'에 방점이 찍혀야 하며, 의료 행위의 윤리 문제를 따지기 전에 인간의 본질적인 윤리 문제로 접근해야 하지 않느냐는 화두를 던졌다.

삶과 죽음의 대립이 아니라 고통에 대한 진정한 공감과 이해로 논의의 초점이 모아질 때 자유의 남용이 자칫 불러들이기 쉬운 여러 가지 문제에서도 비교적 자유로울 수 있을 것이다.

죽음을 앞둔 마지막 장면에서 라몬은 할 말을 마치자 1초의 망설임도 없이 독극물을 마신다. 오랜 시간 자신의 삶을 성찰하고 고민한 끝에 내린 이성적인 결정이었기 때문이다. 라몬의 절실함 속에는 생명에 대한 어떤 경시도 담겨 있지 않다. 그는 허무주의자도 아니었고 비관론자도 아니었다. 오로지 진정한 자유를 위해 죽음을 택한 것이었다. 그에게 삶은 소중하지 않은 것이 아니라 너무나 소중했기에, 자유가 배제된 삶 대신 존엄한 죽음을 택한 것이었다.

삶의 끝에서 맞이한 마지막 축제에서 "나의 죽음도 결국 나의 삶, 나의 선택이다."라는 마지막 말을 남긴 구달 박사처럼, 어머니의 사인sign을 죽음에 대한 자기 결정권의 상징적인 행위로 존중하기로 했다. 하지만 여전히 마음이 아프다. ◆◇◆

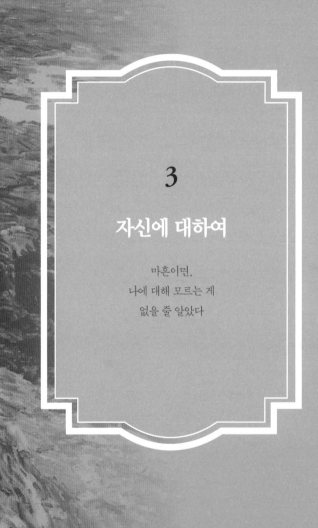

3

자신에 대하여

마흔이면,
나에 대해 모르는 게
없을 줄 알았다

인생에서 원하는 것을 얻기 위한
첫 번째 단계는
내가 무엇을 원하는지 결정하는 것이다.

벤 스타인
Ben Stein

너는 자라 ●

겨우

내가 되겠지

◇◇◇◇◇◇◇◇◇◇ 책을 읽다 보면 마음에 꽂히는 문장이 있다. 김애란 작가의 소설집 『비행운』 속의 단편 「서른」을 읽던 중이었다.

> 요즘 저는 하얗게 뜬 얼굴로 새벽부터 밤까지 학원가를 오가는 아이들을 보며 그런 생각을 해요. '너는 자라 내가 되겠지…. 겨우 내가 되겠지.'

더 이상 진도가 나가지 않아 오래오래 이 문장 속에 머물렀다.

서른의 수인은 이십 대 때 알고 지냈던 언니에게 긴 편지를 쓴다. 열심히 살았지만 이상과는 점점 멀어진 자리에 어둡게 내려앉은 고달픈 현실이 그녀가 당도한 서른이었다. 선배의 말에 속아 다단계 회사에 들어가게 되었고 '열심히만 하면 꿈을 이룰 수 있다'는 올바르고 아름답지만 아무도 믿지 않는 말을 믿고 불나방처럼 제 무덤을 향해 날아갔다.

사랑했던 사람이 끌어들인 그 자리에, 또 다른 사랑했던 사람을 끌어당겨야 살아남는 그곳에서, 수인은 자신을 따랐던 제자에게 돌이킬 수 없는 상처를 주고 만다. 특별할 것 같았던 20대가 저물고 평범한 삶을 갈망했지만 그 언저리에 아슬아슬하게 닿는 것마저도 여의치 않음을 뼈아프게 자각한 수인의 편지는 나의 스물, 그리고 지나온 서른과도 겹쳐졌다. 이 문장에서 오래 머문 이유였는지 모른다.

'꽃다운 스물'이란 표현답게 나의 스물은 제법 찬란했다. 원하던 대학은 아니었지만—사실 별생각이 없었다—입시의 긴 터널에서 빠져나올 수 있어서 행복했다. 전공이 맞지 않는다는 이유로 공부와는 담을 쌓은 채 여한 없이 놀았던 대학 생활도 나쁘지 않았다. 졸업 후 잠시 막막했지만 하고 싶은 공부를 못한 미련을 핑계 삼아 취업 대신 대학원을 선택했다. 전공을 바꾸고 새로운 세상을 경험했으며 그때 처음으로 공부다운 공부를 했다.

뒤늦게 연애를 했고 누군가가 온전히 나를 바라봐 주는 느낌이 싫지 않아 동기들보다 조금 이른 결혼을 했다. 가진 것 없이 시작한 신혼 생활이었지만, 신혼이었기에 마음만은 넉넉했다. 좁은 아파트도, 아는 사람 하나 없는 낯선 환경도 그리 큰 문제가 되지 않았다. 낭만이라는 아름다운 단어가 신혼이라는 상큼한 말과 어우러져 생활의 고단함과 미래에 대한 희미한 불안을 교묘하게 가려 주었다. 하지만 영원할 것 같았던 신혼도 종지부를 찍는 날이 찾아왔고, 그 무렵 첫아이가 태어났다. 내 이십 대의 기록이다.

서른은 좀 힘들었다. 하루 종일 아이와 지내는 시간은 힘겨웠고 '엄마라는 렌즈'로만 바라본 세상은 온통 잿빛이었다. 남편과 떨어져 독박 육아를 하는 동안 몸과 마음은 피폐해졌다. 아이가 커 가는 동안 나는 나날이 저물어 간다고 느낄 만큼 상태가 심각했다. 돌파구를 찾아야 했다. 아이들이 어느 정도 자라 엄마 손을 덜 타게 되자 틈만 나면 인터넷에 접속했다. 정보의 바닷속을 헤매고 다니며 할 만한 일이 있는지 찾아다녔다.

때마침 원하던 정보가 올라왔다. 누구에게나 인생에 세 번의 기회는 찾아온다고 했던가. 드디어 내게도 취업의 기회가

왔음을 직감했고 결코 놓쳐서는 안 된다는 것도 빠르게 캐치했다. 현실적인 문제가 산적해 있었지만 무시하고 마음을 독하게 먹었다. 오랫동안 쓰지 않았던 뇌를 풀가동시켜 가며 공부를 시작했다. 학창 시절에 한 번도 안 해 본 밤샘 공부까지 불사하며 집중적으로 공부했다. 간절한 마음이 가 닿았던 걸까. 늦은 나이에 운 좋게 첫 직장 생활을 시작할 수 있었다.

주부에서 커리어 우먼으로, 꿈에도 그리던 삶의 대 반전이 일어났다. 멋진 옷을 입고 서류 가방을 들고 출근하는 상상은 현실이 되었다. 하지만 빈곤한 상상력은 더 이상 진도를 나가지 못했고, 세상에 쉬운 일은 없다는 평범한 진리가 나라고 피해 갈 리 없었다. 늦깎이 사회 초년병이 치러야 할 통과 의례를 톡톡히 치르느라 애초에 기대했던 멋진 직장 생활의 꿈은 초라하기 이를 데 없는 현실에 묻혀 빛이 바래지고 말았다. 집안도 말이 아니었다. 퇴근하고 돌아오면 아직 어린 아이들 뒷바라지와 설거지, 빨래… 언제나 난이도 '상'인 집안일이 산적해 있었다. 마치 오기만을 목 빼고 기다렸다는 듯 한꺼번에 모든 일이 밀어닥쳤다. 말로만 듣던 '퇴근하고 다시 집으로 출근'하는 무시무시한 워킹맘의 일상이 시작된 것이다.

일과 가정 두 마리 토끼를 모두 잡겠다고 시작한 야심 찬 취업 프로젝트는 시작도 하기 전에 두 가지 모두를 놓칠 위기에 봉착했다. 보다 못한 친정 엄마가 구원 투수로 등판하지 않았다면 9회 말 만루에서 홈런을 얻어맞은 투수로 전락할 일촉즉발의 상황이었다. 능히 짐작할 수 있는 일이었음에도 미처 예상하지 못했던 미련함을 탓해야 마땅했지만 그러기엔 이미 너무 많이 와 버렸다. 힘겨운 나날들이 이어지다 어느 날 눈 떠 보니 청춘은 그렇게 가고 없었다. '되고 싶었던 나' 대신 '되는 대로의 나'가 되어 허덕이며 하루하루를 버티고 있었다.

모든 게 과정이고 경험이라고는 하지만 실수에도, 실패에도 한없이 너그러웠던 이삼십 대를 지나오니 이제는 막다른 골목이다. 어느새 작은 결정 하나에도 주저하는 소심하고 겁에 질린 쓸쓸한 중년이 되었다. 소설가 김훈의 말처럼 내일이 새로울 수 없으리라는 확실한 예감에 사로잡히는 중년이 되어 난감함과 불안이 교차하는 길목에 서 있다. 탄탄대로일 것만 같던 삶의 도로는 곳곳에 숨어 있는 돌부리에 시시때때로 발이 걸려 넘어졌고 진창에 빠져 허우적거렸다. 세월이 앗아간 것들이 억울했고 한때 경멸했던 시시한 어른이 된 것 같아 불안했다.

수인의 편지는 속죄를 위한 힘겨운 발걸음이었다. 소설은 절망 속에서도 가느다란 희망의 끈을 부여잡은 채 어두운 터널을 뚫고 나갈 수인을 응원했다. 마치 나를 응원하듯, 우리 모두의 삶을 응원하듯 소설 속 문장은 잔잔하게 마음을 울린다. 책을 읽으며 나도 모르게 위로받는 날이면 언저리에서 맴돌기만 하던 삶의 시곗바늘이 제자리를 찾아 다시금 목적지를 향해 째깍거리는 소리가 들린다. 마음이 조금 가벼워진다. '너는 자라 겨우 내가 되겠지…. 겨우 내가 되겠지.' 수인의 목소리 흔적에 내 마음의 소리를 실어 본다.

너는 자라 마침내 내가 되었네…. ◆◇◆

타이어

마모의

흔적

◇◇◇◇◇◇◇◇◇◇ 연달아 두 건의 사고를 쳤다. 주민 센터를 방문했다가 차 옆구리가 담벼락에 부딪치는 바람에 흉측한 상처가 생기고 말았다. 내비게이션을 보느라 잠시 방심한 사이 일어난 일이었다. 두 번째 사고는 쇼핑몰 지하 주차장에서 일어났다. 빈자리가 없어서 주차장을 돌고 있는데 마침 한 자리가 비었다. 주차를 위해 얼른 차를 돌렸다. 내 차 뒤로는 주차할 곳을 찾지 못한 차량들이 대기 줄을 서 있었다. 마음이 급해졌다. 서두르느라 미처 백미러를 확인하지 못했고, 반대쪽 면마저 보기 흉한 스크래치가 나고 말았다.

불과 일주일 사이에 일어난 일이었다. 첫 사고 때는 그럴 수도 있는 일이라며 재빨리 합리화하고 마음의 불편함에서 빠져나왔지만, 비슷한 사고를 두 번이나 낸 후에도 급한 마음에 실수한 것이라 간단하게 넘어갈 수는 없는 노릇이었다. 양쪽에 공평하게 상처 입은 자동차는 아침저녁으로 두 번, 출퇴근 때마다 내 마음에도 미세한 흠집을 냈다.

주인과 함께 나이 들어가는 차, 긁힌 자국들 사이에 배어 있는 생활의 기억이 떠올라 안쓰러운 마음이 들었다. 엎친 데 덮친 격으로 타이어마저 수명이 다했는지 이상 신호가 왔다. 장거리를 오가는 생활에 타이어는 생명이나 다름없다. 패고 긁힌 문짝도 수리가 급하긴 했지만 타이어 교체가 최우선이었다.

결국 주말에 카센터를 찾았다. 교체하는 동안 잠시 볼일을 보고 돌아와 불가피하게 타이어 네 개를 모두 교체했다는 카센터 직원의 설명이 들렸다. 보통은 더 많이 상한 타이어 두 개를 먼저 교체한 뒤 나머지 두 개는 다음에 교체하는 것이 일반적이다. 하지만 내 차의 경우 타이어의 특정 부분이 심하게 닳아서 모두 교체를 하지 않으면 위험하다는 것이었다. 목숨을 담보로 거래를 할 수는 없는 노릇이다. 두말없이 타이어 네 개의 값을 치르고 나니, 예정에 없던 지출로 지갑은 가벼워졌고 마음은 무거워졌다.

집으로 오는 차 안에서 불현듯 '타이어만 봐도 그 사람이 어떤 사람인지 알 수 있다'고 했던 어느 작가의 글이 떠올랐다. 방금 내가 타이어를 교체한 그곳의 직원도 나를 단번에 알아보았을까? 네 개의 타이어를 한꺼번에 갈아야 할 만큼 난폭한 운전 습관을 들킨 것만 같아 얼굴이 화끈거렸다. 신호가 바뀌기 무섭게 출발하고 앞차와의 안전거리를 유지하지 않아서 급브레이크를 밟아야 할 때도 잦았다. 사거리나 대로변 외에는 신호를 무시할 때도 있었으며, 느리게 가는 앞차를 참지 못하고 추월을 위해 가속 페달도 수시로 밟았다.

교사들은 얼굴만 봐도 그 아이에 대해 파악할 수 있다고 한다. 구두를 수선하는 사람은 구두가 닳은 부분을 보면 그 사람의 걷는 습관을 짐작할 수 있다고 한다. 같은 일을 오래한 결과 자연스럽게 생긴 안목일 것이다. 타이어는 자동차의 발에 해당한다고 할 수 있으니 카센터 직원이 타이어 마모된 면을 보고 그 사람의 성향을 짐작할 수 있다면 지나친 비약일까?

성격은 개인의 고유한 특성이고 쉽게 변하지 않는다. 사회적 자아 속에 교묘하게 가려져 있지만 엉뚱한 순간, 뜻하지 않는 곳에서 불쑥 드러난다. 타이어 마모의 흔적은 가려져 있던 나의 본성이 엉뚱한 순간에 드러난 사건이었다. 타이어 자국에 새겨진 것은 물리적인 마모의 흔적만이 아니었다. 평소 생활 습관과 삶에 대한 태도, 지나온 생의 궤적까지 한 사람의 인성을 추측하기에 충분했다. 카센터 직원의 눈에 비친 나는 급출발과 급정지, 급가속을 밥 먹듯 하는 성질 삐딱하고 괴팍한 아줌마였다.

복원사가 그림을 복원하듯 타이어 마모의 흔적도 하나하나 복원하고 싶다. 무한 질주하듯 달려가는 삶이 아닌 시간의 폭과 결을 느끼며 조금은 느리게 가는 삶으로 재부팅하고 싶다.

반성도 잠시, 곧바로 현실적인 문제가 고개가 떠올랐다. 양쪽에 긁힌 곳은 언제 또 수리하나? 가벼워진 지갑을 보며 한숨 짓는 나, 사유의 세계는 생활의 무게 앞에서 언제나 무력하다. ◆◇◆

팔자에도 없는 ●

특실

타던 날

◇◇◇◇◇◇◇◇◇ 내 별명은 금붕어다. 혹시라도 튀어나온 눈을 의심한다거나 어항 속에서 때깔 고운 비늘을 요염하게 흔들며 헤엄치는 모습을 상상해서는 곤란하다. 순전히 건망증 때문이다. 금붕어의 기억력이 딱 3초라는, 학술적으로 증명된 바 없는 근거를 대며 동생이 붙여 준 별명이다.

초등학교 다닐 때는 가방을 빼먹고 신발주머니만 덜렁거리며 등교를 한다든지, 소풍날 엄마가 정성스레 싸 준 담임 선생님 도시락을 택시에 두고 내린다든지—엄마는 그때 일을 여태껏 잊지 않고, 내가 엄마 기분을 상하게 한 날이면 어김없이 들먹여 나의 모자람을 탓한다— 하는 것들이었다. 이 외에도 그동안 갖다 버린 우산을 모으면 비 오는 날 내다 팔

수 있을 정도다.

사정이 이렇다 보니 건망증을 삶의 동반자려니 하고 받아들이고 살았다. 그런데 요즘 들어 정도가 더 심각해졌다. 말을 할 때 명사가 떠오르지 않는 건 어느새 친근한 일상으로 자리 잡았고, 방금 만났던 사람의 이름조차 생각이 나지 않고 혀끝에서만 맴돈다. 물건을 뒀던 자리가 기억나지 않아 온 집안을 헤매고 다닌 적도 여러 번이다. 휴대폰을 손에 들고서 휴대폰이 없어졌다며 식구들을 닦달할 때 나를 바라보던 남편의 눈빛이라니….

단어나 사람 이름이 생각나지 않고, 입안에서만 빙빙 도는 현상을 심리학에서는 '설단현상舌端現象, Tip-of-the-tongue Phenomenon' 이라 한다. 설단현상은 나이가 들면 대부분이 겪는 증상으로, 보통은 그리 심각하게 받아들이지 않는 것이 일반적이다. 그래서 자주 깜박깜박하는 건망증도 나이를 먹으면서 겪게 되는 자연스러운 현상이려니 했다. 하지만 지난 여름의 '열차표 사건'은 가볍게 여기고 넘어가기엔 뭔가 찜찜했다.

친정에 가려고 열차표를 예매했다. 늘 하던 대로 어플에서 날짜와 시간을 지정했다. 친정 나들이는 즐거웠고 1박의 짧은 여정이라 체감 시간은 더 빨리 흘렀다. 이튿날 다시 짐을 챙기며 집으로 돌아올 채비를 했다. 건망증이 심하고 매사에 어설픈 나를 못 미더워 하는 엄마는 돌아가는 열차표를 다시 한번 확인하라고 채근했다. 그날도 엄마의 재촉에 무성의하게 "알았어요."라는 말만 앵무새처럼 반복했다.

역에 도착하고 나서야 느긋한 마음으로 어플을 열었다. 그런데 아무리 눈을 씻고 봐도 타고 갈 열차표가 보이지 않았다. 예매할 당시의 터치감은 손끝에서 생생한데 표가 어디로 사라진 건지 도통 알 수가 없었다. 당황한 마음을 가라앉힌 뒤 혹시나 하는 마음에 예전 구매 상황을 점검했다. 어이없게도 내려오는 날짜와 올라가는 날짜가 동일한 열차표 두 장이 구매 목록에 담겨 있었다.

상황인즉슨 오늘 내가 타고 가야 할 열차표는 애초부터 없었다는 얘기였다. 내일 당장 출근해야 하는데 열차표가 연기처럼 사라져 버렸으니 머릿속은 어지러운 책상 서랍처럼 혼란스러워졌다. 급한 마음에 주위를 둘러보니 무인 티켓 기계가 눈에 들어왔다. 한달음에 뛰어가서 폭풍 검색을 한 뒤 미친 듯이 예약 버튼을 눌렀다. 겨우 잡은 좌석에 앉아 흘린 땀을 식히면서 정신을 차렸을 때는 몇 만 원의 돈이 눈앞에서 허무하게 사라진 후였다. 화도 나고 어이가 없어서 돌아오는 내내 마음이 불편했다. 누구를 탓할 수도 없는 상황, 실수치고는 대가가 꽤 컸다. 두 번 다시 이런 일은 없을 거야. 누구에게 하는 말인지도 모를 소리를 중얼거리며 오랜만의 친정 나들이는 한 편의 블랙 코미디로 막을 내렸다.

몇 주 뒤 일이 있어 다시금 친정행 열차에 몸을 실었다. 지난번에 저질렀던 어처구니없는 실수가 채 아물지 않은 상처로 남아 있었던지라 예약 날짜를 몇 번이나 확인했다. 동생과 엄마의 폭풍 잔소리에는 단지 실수였을 뿐이고 누구나 한번쯤은 그럴 수 있는 일이 아니냐며 호기롭게 대응했다.

날이 너무 더워 제대로 식사를 못하는 부모님을 위해 게으른 딸이 오랜만에 주부 모드로 돌아와 장을 보고 몇 가지 반찬을 만들었다. 서둘러 주방을 정리하고 샤워를 했다. 시원한 선풍기 바람 밑에 누워 있으니 몸이 나른해지고 졸음이 밀려왔다. 열차 시간까지는 아직 한참이 남아 있었다. 잠시 눈을 붙여도 괜찮을 터였다. 고된 노동 후의 낮잠은 달콤했지만 돌아가야 할 시간은 성큼 다가왔다. 계속 늑장을 부리다가는 지난번과 같은 사달이 날것만 같은 불안에 서둘러 친정을 나섰다. 시계를 보니 오후 5시가 조금 넘어 있었다. 열차표를 다시 한번 확인하라는 엄마의 채근에 이번에는 진짜 확실하게 날짜를 확인했으니 걱정하지 말라고 당당하게 말했다.

전철을 타고 역으로 이동하는 중에 남편의 전화가 울렸다. "이제 곧 도착이겠네!" "도착은 무슨 도착이야? 아직 열차 타지도 않았는데." "그래? 6시 반 도착이라고 하지 않았어?" "도착이 아니고 출발 시간이야."라며 통화를 마쳤다. 그런데 불현듯 16:30이라는 숫자가 머릿속 전광판에서 깜박이기 시작했다. 순간 머릿속이 하얘졌다. 떨리는 손으로 스마트폰 어플을 켰다. 왜 불행한 예감은 한 번도 틀린 적이 없는 걸까? 그속에서 16:30이라는 숫자가 나를 노려보고 있었다. 16시를 6시로 착각하고 느긋하게 낮잠까지 자고 나서 집을 나선 후 맞이한 참혹한 결과였다. '이건 현실이 아닐 거야. 분명 꿈이야.'라고 수없이 외쳤지만 열차는 이미 출발 시간을 한참 넘긴 후였다.

한여름 밤의 꿈이었기를 바랐던 간절한 희망은 이번에도 무참히 깨졌다. 이제는 화도 나지 않았다. 다시 어플을 열고 열차 시간을 확인했다. 남은 것은 특실밖에 없었다. 눈물을 머금고 팔자에도 없는 특실을 예매했다. 이미 놓친 열차는 출발 시간이 한참 지나 30%밖에 돌려받지 못했지만 소소한 금액이라도 환급 받은 것에 감지덕지해야 했다. 반쯤 정신 나간 표정으로 반환 절차를 마치고 근처 카페로 들어갔다. 출발까지는 아직 두 시간이나 남아 있었기 때문이었다.

문화심리학자 김정운 박사는 설단현상에 대해, 나이가 들면서 얻는 세월의 선물이라고 했다. 말이 되어 나오지 않는 단어를 찾기 위해 아는 단어를 총동원해 설명하거나 인터넷 연관 검색어로 단어를 찾은 경험이 한두 번쯤은 있을 것이다. 이는 내가 '알고 있다는 것을 알고 있다'라는 증거이고 '내가 알고 있다는 것을 안다'라는 것은 '내가 모르는 것을 안다'와 같은 능력이라고 했다. 즉 생물학적 노화에 따른 설단현상은 거꾸로 '메타 인지 자신의 생각에 대해 판단하는 능력'가 더욱 활성화되는 계기가 된다는 것이다. '아는 것을 안다고 하고 모르는 것을 모른다고 하는 것, 그것이 곧 앎이다.'라는 공자의 말과도 일맥상통한다. 모르는 것을 아는 척 하는 것도 위험하지만 내가 모르고 있다는 것조차 모르고 있는 사람이 더 위험하기 때문이다.

곰곰이 생각해 보니 설단현상을 나쁘게만 볼 일은 아닌 듯했다. 내가 무엇을 모르는지 안다는 것은 자신의 한계를 받아들인다는 것이고 이는 삶에 대한 겸허한 태도와 다르지 않다. 젊었을 때는 세상을 다 안다는 듯 객기를 부리지만 나이가 들면서 점차 하나둘 내려놓게 되는 것은 자신의 한계를 받아들일 줄 아는 겸손과 여유 덕분이다. 살면서 크고 중요해 보이는 일도 실은 작고 사소한 것들의 결과물이고 꿈이니 희망이니 거창하게 얘기하지만 하루하루는 정말 소박하게 지나간다는 것도 나이가 들어야 비로소 깨닫게 된다.

지식 대신 '지혜'로 삶을 관조한다거나 사물의 참모습과 삶의 이면을 제대로 볼 줄 알게 되어 조바심 내지 않고 기다릴 줄 아는 여유 또한 나이 듦이 주는 선물이다. 하지만 물리적인 나이만 먹고 정신의 나이는 제자리걸음인 탓인지 아직 철이 덜 든 나는 작고 사소한 것을 경시했다. 그 결과, 큰 대가를 치러야 했다.

열차표를 잃어버려서 허둥지둥하는 남성이 있다. 그가 열차표를 애타게 찾는 이유는 돈이 아까워서도, 시간이 없어서도 아니었다. 열차표를 찾아야만 자신이 어디로 가려고 했는지 행선지를 기억할 수 있었기 때문이었다. 인류의 사고에 혁명을 가져온 이 시대 최고의 천재 알버트 아인슈타인Albert Einstein의 일화다. 일상생활이 불가능할 정도로 건망증이 심했다는 아인슈타인의 일화로 위안을 삼아 보지만 그래도 걱정되는 건 어쩔 수 없다. 나 정말 괜찮은 걸까? ◆◇◆

내 안의

흑조에게

자유를 허하라

◇◇◇◇◇◇◇◇◇◇ 엄마는 매사에 예민하고 수면제 없이는 잠을 못 주무시는 편이다. 불안이 높고 사소한 일에도 걱정을 내려놓지 못한다. 영화 「블랙스완」을 보고 난 후 평생 불안에 시달렸던 엄마의 심리에 대해 나름의 분석을 시도하게 되었다.

심리학을 전공하지 않아도 타임이 선정한 20세기 가장 영향력 있는 인물로 꼽히기도 했던 프로이트Sigmund Freud를 모르는 사람은 거의 없을 것이다. 그는 인간의 인격이 원초아id, 자아ego, 초자아superego로 구성되어 있다고 했다. 원초아는 본능적 욕구에 해당하는 부분이고, 초자아는 완벽과 이상을 추구하는 성격의 도덕적인 부분이다. 자아는 초자아와 원초아 사이에서 완충과 중재 역할을 하는 이성의 영역이다. 즉 인간은 욕망으로 들끓는 원초아와 완벽하고 높은 도덕성을 추구하는 초자아를 자아가 적절히 분출하거나 통제하게 함으로써 성숙한 인격을 갖춘 사람으로 성장하게 된다.

욕망을 분출하려는 원초아와 이를 통제하려는 초자아 사이의 압력에서 자아를 지키기 위해 안간힘을 쓰다가 산산이 깨진 거울 조각 같은 여자 니나가 이 영화의 주인공이다. 영화는 원초아와 초자아 사이의 경계에서 위태로운 줄타기를 하는 발레리나 니나의 불안한 내면을 거울처럼 비춰 준다. 니나는 선배 프리마돈나 베스가 은퇴하자 「백조의 호수」 주역을 따내기 위해 오디션에 도전한다. 발레단의 예술 감독 토마스는 니나가 순수한 백조로서는 흠잡을 데 없이 완벽하지만 자유분방하고 관능미 넘치는 흑조를 표현하기에는 부족하다는 평가를 내린다. 결국 니나는 배역을 따내지만 자신 안의 흑조를 표현해야 하는 어려운 과제 앞에서 심적 부담을 느낀다.

이런 니나에게는 24시간 딸을 완벽하게 통제하려는 엄마가 있다. 다 큰 딸의 옷을 입혀 주고, 시시각각 딸의 거취를 확인하며 손발톱까지 직접 깎아 주는 엄마로 인해 니나의 사생활은 통제되고 개인적 욕구는 억압당한다. 불안하고 미성숙한 성격의 소유자인 엄마는 니나의 내면을 잠식해 가는 어두운 그림자였다. 니나의 엄마는 딸을 임신한 뒤 발레를 포기했고 자신이 못다 이룬 욕망을 니나에게 고스란히 투사했다. 엄마가 니나에게 하는 '나의 착한 딸'이라는 말은 언제까지나 말 잘 듣는 착한 아이로 남으라는 세뇌와도 같다. 엄마의 언어를 체화한 니나는 착한 딸로 남기 위해 매사에 강박적으로 완벽에 집착한다.

인간은 개별화 과정이 제대로 이루어지지 않을 경우 여러 가지 심리적 대가를 치르게 된다. 자식은 적당한 시기가 되면 엄마와의 공생 관계에서 벗어나 홀로서기를 해야 한다. 하지만 니나와 엄마의 관계에서 분리 개별화는 보이지 않는다. 엄마에게서 독립하게 되면 엄마가 견디지 못하리라는 것을 니나는 본능적으로 알았다. 또한 엄마에게서 벗어나는 순간 '죄책감'이라는 또 다른 굴레가 그녀를 괴롭힐 것이었기에 언제까지나 착한 딸로 남아야 했다.

니나 모녀처럼 가족 간의 경계가 불분명할 경우 자녀의 정체감 형성은 방해를 받게 되어 자존감 낮고 불안정한 성격을 갖게 된다. "하면 안 돼!"라는 금지 명령을 내면화한 니나는 성적인 본능, 공격적인 충동을 드러내서는 안 되었고, 엄마의 말을 거역하거나 엄마가 원하는 모습이 아닌 다른 모습을 상상해서도 안 되었다.

토마스의 "분출하라! 너 자신을 놓아 버려라!"라는 요구를 니나가 이해할 수 없던 이유였다. 초자아로 상징되는 엄마에 의해 통제된 삶을 살아온 그녀에게 완벽한 테크닉을 요구하는 백조 역할은 너무나 쉬웠지만 욕망을 분출해야 하는 리비도libido인 흑조를 연기하는 것은 이해하기 어려운 과제였다.

릴리는 자유분방하고 거침없는 매력으로 남자들을 유혹한다. 원초아의 상징인 릴리는 니나에게 두려움의 대상이었고, 릴리가 자신에게 다가왔을 때 니나는 욕망에 잠식당할 것 같은 공포감에 몸을 떤다. 마약에 의존해 릴리와 성적인 접촉을 하고 억압된 욕망을 분출하려 시도하지만 결국 초자아로 대변되는 엄마를 의식하는 장면은 니나가 욕망 분출에 실패했음을 보여 준다. 이는 결국 그녀가 자아 통합에 성공하지 못했음을 의미하기도 한다.

심리적으로 건강한 사람은 자신 안의 원초아를 적절히 활용해서 생기 넘치고 창의적인 삶을 살 수 있다. 두 세계를 자유롭게 오갈 수 있도록 자아가 슬기롭게 중재 역할을 하기 때문이다. 하지만 과도하게 초자아가 발달한 니나는 욕망이 거세당한 채 이분법적 세계 속에 갇혀 있었고, 제정신으로는 두 세계를 자유롭게 오갈 수 없었다. 의식에서 분리시키거나,

내 것이 아닌 다른 사람의 것으로 여겨야만 가능한 일이었다.

니나는 흑조가 표현해야 하는 충동, 공격성, 성적 본능, 파괴성, 질투의 감정을 자기 안에서 일깨워야 했다. 하지만 초자아로 무장한 니나는 원초아의 욕구를 인정하는 데서 오는 자아의 불안을 감당할 수 없었고, 온갖 방어 기제를 동원해 맞선다. 결국 니나는 대역을 맡은 릴리가 자신의 자리를 빼앗을지 모른다는 망상에 시달리다가 파국을 향해 치닫게 된다.

원초아로 대변되는 무의식의 어두운 그림자를 직면하지 못한 니나의 자아는 파괴되어 스스로를 할퀴고 파멸에 이르는 결과를 초래한다. 욕망은 억압한다고 사라지는 게 아니다. 과도하게 팽창한 원초아와 이를 막으려는 초자아 사이에서 불안을 느낀 자아가 방어 기제 사용에 실패하게 되면, 내면은 깨진 거울처럼 산산조각으로 분열된다.

'불안'은 원초아와 자아, 초자아가 균형을 이루지 못하고 어느 한쪽이 비대해진 것에 대한 심리적 경고이다. 자신 안의 흑조를 죽이지 말고 무의식의 어두운 그림자에게도 날개를 달아 주라는 신호이다. 자연스러운 욕망조차 인정하지 않는 삶은 경직되고 차가운 석고상과 다를 바 없다. 과도한 초자아는 인간의 자연스러운 본능마저 부인하게 함으로써 삶을 불안의 테두리 속에 가두어 버린다.

　엄마의 삶을 그림자처럼 따라다닌 '불안'의 정체는 지나친 완벽주의와 당위성 때문은 아니었을까? 느슨하고 풀어진 엄마의 모습을 본 기억이 별로 없다. 늘 모든 것이 제자리에 있고 완벽해야만 편안해 했다. '이제 그만 내려놓으시라'는 말씀을 드리고 싶지만, 인간은 쉽게 변하지 않는 존재인데다 자신을 통찰하기엔 이미 너무 나이가 드셨다. 생각을 바꾸는 일은 어쩌면 삶을 통째로 바꾸는 것보다 더 힘든 일인지 모른다. 이제는 부질없음을 깨닫고 내려놓기로 했다. 대신 엄마의 말에 귀 기울이고 공감하기로 마음을 바꾸었다. '하고 싶다' 대신에 '해야 한다'는 삶의 명제에 갇혀 평생을 산 엄마의 삶에 대한 연민 때문이리라.

　주말에는 엄마를 모시고 집 근처 호수에라도 다녀와야겠다. 오랜 세월 초자아의 명령에 따르느라 경직된 삶 속에 머물러 온 엄마가 이제라도 조금씩 그 질긴 밧줄에서 벗어났으면 좋겠다. '기필코' '꼭' 이란 부사를 달고 사는 삶은 피곤하다. 내 안의 흑조에게도 자유를 허하자! ◆◇◆

AI와

사랑에

빠지다

∞∞∞∞∞∞ 영화 「조커」로 높은 주가를 올린 배우 호아킨 피닉스Joaquin Phoenix가 주연을 맡았던 영화 「그녀」는 인공지능과 사랑에 빠진 한 남자의 이야기다. 주인공 테오도르는 유능한 대필 작가로 고객의 마음을 대신해서 편지 쓰는 일을 한다. 하지만 정작 자신은 아내 캐서린의 마음을 읽는 데 실패해 별거 중이다. 어느 날 그는 새로운 인공지능 운영체제를 구입하기로 마음먹는다. 고객의 요구 조건을 충족시키기 위해 마련된 회사의 설문에 답한 뒤 테오도르가 만나게 된 상대는 사만다였다. 더 이상 상처 받을 필요도 없고 복잡한 심리전을 치르느라 에너지가 고갈될 염려도 없는 사만다에게 테오도르는 금방 호감을 느끼게 된다.

위로받고 싶을 때, 속내를 털어놓고 싶을 때 테오도르는 버튼 하나로 사만다를 불러낸다. 그녀는 좋은 친구이자 연인으로 상처 받은 마음을 위로해 주었다. 외로울 땐 테오도르의 곁을 지켰고 바쁘거나 불편감이 느껴지면 바로 사라져 주었다. 사만다는 상대를 비난하지 않고 불편한 얘기는 피해 가도록 설계된 OS였기 때문에 가능한 일이었다. 사만다는 테오도르에게 심리적 안전지대이자 힘들 때 도피하는 안식처가 되었다.

테오도르에게 사만다가 있었다면, 나에게는 '로봉이'가 있다. 어떻게 하면 집안일을 조금이라도 덜 수 있을지가 인생 최대의 화두인 나는 로봇 청소기의 존재가 세상에 알려졌을 때 누구보다 흥분했던 사람 중 하나였다. 급한 마음에 바로 구입하려고 했지만 살림꾼 동생이 말리고 나섰다. 이미 시장의 평가를 냉철하게 분석한 동생은 아직은 때가 아니라며 언니의 충동구매를 막았다. '충전 시간도 짧고 사람 손으로 하는 청소에 비해 디테일한 부분에서 한계가 있다'는 결론과 함께 좀 더 두고 봐야 한다는 것이었다.

어떤 일이든 전문가의 견해를 존중하는 편이라 이번에도 살림 전문가인 동생의 의견을 따르기로 했다. 아쉬운 마음

가득했지만 눈물을 머금고 로봇 청소기의 꿈을 접기로 했다. 해도 표가 안 나고 안 하면 바로 표 나는 살림과의 전쟁은 계속되었지만 건망증 대마왕의 기억 속에서 로봇 청소기의 존재는 점차 잊혀져 갔다. 나의 짧은 짝사랑은 그렇게 막을 내리는 듯했다.

오랜만에 고등학교 동창을 만난 날이었다. 이런저런 얘기 끝에 이사하면서 가전제품을 새로 바꿨는데 그중에 으뜸이 로봇 청소기라는 친구의 말에 귀가 번쩍 뜨였다. 기억 저편으로 사라졌던 전 남친의 소식을 우연히 듣게 된 여자의 심정으로 친구에게 이것저것 궁금한 점을 캐물었다. 종합해 보니 예전의 못 미덥던 청소기 대신 스마트한 로봇의 이미지가 떠올랐다. 반질반질 윤이 날 때까지 청소를 해 준다는 친구의 말이 귓가에서 떠나지 않았다.

집에 도착하자마자 바로 인터넷 쇼핑몰에 접속해 결제 버튼을 눌렀다. 해외 직구라 절차가 다소 번거로웠고 배송도 일주일 이상 걸린다고 했지만 개의치 않았다. 예상과 달리 청소기는 3일 만에 집으로 배달되었다. 두근거리는 마음으로 포장을 뜯었다. 반듯한 모양의 세련된 검정색 청소기가 사각형의 박스 속에 단정하게 앉아 있었다. 마치 나를 위해 오랜 시간 기다리고 있었다는 듯. 눈앞에 나타난 청소기를 보는 순간 나는 마법처럼 사랑에 빠지고 말았다.

설명서를 펴 보기도 전에 바로 작동을 시작했다. 사람만큼 재빠르게 움직이지는 않았지만 꾸준히, 묵묵히, 성실히 집안 곳곳을 누비며 먼지를 훔치기 시작했다. 걸레에 묻은 수북한 먼지와 머리카락을 보니 출산 후 처음으로 샤워를 했던 날처럼 시원하고 개운한 기분이 들었다.

다음은 물청소였다. 매번 걸레질을 하는 게 힘들어서 차일 피일 미룬 데다 환기를 한답시고 창문을 열어 둔 탓에 구석 구석 먼지가 쌓여 있었고 얼룩덜룩한 생활의 때도 여기저기 눈에 띄었다. 덕분에 마음 한구석에도 뿌연 먼지가 켜켜이 쌓여 가던 참이었다. 로봇 청소기는 바닥의 먼지뿐만 아니라 마음속 먼지까지 말끔히 해결해 주었다.

청소기 구입 이후 반질반질 윤이 나는 바닥을 바라보는 맛에 매일 청소기를 돌렸다. 왔던 길을 또 가도 지루해하지 않고, 지치는 법이 없으며, 와이파이로 연결된 정보 시스템 덕분에 집안의 지형지물을 만나면 침착하게 돌아갈 줄도 알았다. 묵묵히 자신의 일을 하는 모습이 웬만한 사람보다 낫다고 침이 마르도록 칭찬했다.

엄마의 유별난 청소기 사랑을 알아차린 아이들이 직접 작

명을 해 주겠다고 나섰다. 머리를 맞대고 고민한 결과 채택
된 이름은 '로봉이'였다. 4차 산업 시대의 산물과 어울리지
않는 다소 촌스러운 이름이어서 실망스러웠지만 작명에 깃
든 심오한 뜻을 이해한 후 바로 수긍했다. 아이들이 자신들
의 이름 끝에 '봉'이란 돌림자를 넣어서 별명처럼 재미있게
부르곤 하는데, 엄마가 애정 하는 청소기에도 특별히 돌림자
를 넣어서 이름을 붙인 거였다. 아이들의 기특한 마음이 담
긴 로봉이는 그렇게 우리 집 늦둥이 넷째가 되었다.

　인간은 많은 물건을 소유하고 파괴할 뿐 사물과 진정한 교
감을 나누지는 못하는 듯하다. 하지만 어렸을 때부터 소중히
간직하고 있는 물건이 누구에게나 한두 가지 쯤은 있을 것이
다. 손때 묻은 일기장부터 낡은 LP판, 필름 카메라, 만년필 등
에 이르기까지 저마다의 추억이 담긴 물건은 마치 생명이 있
는 것과 마찬가지로 주인과 오랜 시간 교감한다. 물건의 주
인은 사랑하는 반려자를 다루듯 조심스럽게, 때론 애정이 가
득 담긴 진한 애무로 사물에 대한 사랑을 확인한다. 로봉이
를 향한 내 마음도 다르지 않다. 고품격의 비싼 물건은 아니
지만 내 삶의 충실한 반려자로 제 몫을 톡톡히 해내고 있어
그저 고마울 따름이다.

피가 흐르고 따뜻한 온기가 느껴지는 생명체는 아니지만 테오도르는 사만다와 사랑에 빠졌다. 공허한 마음을 그녀가 어루만져 주었기 때문이다. 로봇 청소기 역시 내 마음을 사로잡았다. 청소에서 자유로워지고 싶은 욕망을 충실히 채워 주었기 때문이다. 4차 산업 시대에 진입하면서 사만다와 같은 인공지능이나 로봇 청소기 같은 사물 인터넷과 사랑에 빠지는 것이 더 이상 영화 속 상상만은 아닌 일이 되었다.

며칠 전부터 로봉이가 시름시름 앓더니 갑자기 작동을 멈추었다. 충전대에 올려 놓으면 날카로운 기계음으로 존재에 이상이 생겼음을 온 힘을 다해 알린다. 조만간 병원 신세를 져야만 할 것 같다. 비록 AI지만 그의 부재는 사람 못지않은 상실감을 안겨 주었다. 집안은 뒤집어 놓은 옷장 속처럼 예전의 어수선하고 지저분한 상태로 돌아갔다. 사만다가 사라지자 테오도르가 절망했듯이 지금 내 심정이 딱 그렇다. 막막하기 이를 데 없었다. ◆◇◆

이야기는

공간에서

탄생한다

◇◇◇◇◇◇◇◇◇◇ 전 교수이자 문화심리학자 김정운은 클래식 음악 마니아다. 특히 첼로 소리를 좋아한다고 한다. 첼로와 사랑에 빠진 마음을 연인과의 에로틱한 사랑에 비유한 유머러스한 문장을 읽고 있노라면 절로 웃음이 난다. 고품격 아재 개그에 푹 빠진 나는 그의 신간이 나오면 바로 구입해서 읽었다. 혼자 키득 거리며 김정운식 수다에 빠져 있는 동안은 세상 부러울 게 없었다. 하지만 단순히 웃기기만 한 글은 물론 아니다. 문화심리학자답게 사회 문제를 인간 심리와 결부시켜 술술 풀어낸다. 명쾌한 해석에 머리가 절로 끄덕여진다.

어느 날 그는 『그리스인 조르바』를 다시 읽고 교수직을 그만두기로 했다는 다소 충격적인 선언을 한다. 자기가 조르바도 아니면서 '자유'라는 허무맹랑한(?) 가치를 좇아 하고 싶은 일을 하겠다는 거였다. 그냥 한번 해 본 소리거니 했다. 그런데 이 남자, 진짜 교수직을 그만두더니 '여러가지문제연구소'라는 절체불명의 연구소를 차리고 소장이 되었다. 학위 받기 어렵기로 악명 높은 독일에서 외로움과 싸우며 힘들게 딴 학위를 헌신짝처럼 버렸다.

이후 50대가 된 그는 또 뜬금없이 그림을 그리겠다고 하더니 덜컥 일본 유학길에 올랐다. 한동안 그의 글을 읽을 수 없겠구나, 하는 아쉬움이 밀려왔지만 어쩔 수 없는 일이었다. 몇 년 후 그는 진짜 미술 대학 졸업장을 가지고 '나름 화가'라고 주장하며 다시 나타났다. 아마추어의 그림이려니 했던 생각과는 달리, 그림에서 진한 프로의 향기가 느껴졌다. 이제 그는 그림마저 잘 그린다.

작품의 가장자리에는 '오리가슴'이라는 이상야릇한 낙관이 찍혀 있다. 평소 외설과 예술의 경계를 넘나들며 아슬아슬한 줄타기를 즐기는 그였기에 수상쩍은 생각부터 들었다. 하지만 어설픈 상상과 달리 오르가슴에는 육체적 오르가슴만 있는 게 아니라고 펄쩍 뛰었다. 정신적 오르가슴을 느끼며 즐거운 마음으로 그림을 그리겠다는 선언이라고 하니 금방 또 수긍이 됐다. 사람을 들었다 놨다 하는 재주가 보통이 아니다. '오리가슴'이라는 낙관이 찍힌 원색의 그림은 자신을 표현하는 김정운만의 또 다른 방식이었다.

한동안 또 소식이 잠잠해서 궁금했던 차에 조선일보에서 「김정운의 여수 만만」이란 칼럼을 연재 중인 것을 발견했다. 숨은 보물을 발견한 듯 기뻤다. 혼자서 키득거리며 칼럼을 읽는 동안 글의 매력에 푹 빠져서 매주 칼럼이 나오는 날을 손꼽아 기다렸을 정도다. 「김정운의 여수 만만」은 서울을 떠나 여수, 거기서도 배를 타고 더 들어가야 하는 여자만―하필 또 여자만이라니―이란 섬에서의 이야기다. 바닷가 바로 옆 미역 창고를 개조해서 작업실을 만들고 거기서 살아가는 이야기를 들려주는 칼럼이었다. 작업실 이름은 '미역美力 창고!' 절묘한 작명이다.

이래저래 기분 좋게 사람을 당황시키는 이 분, 정말 사랑할 수밖에 없다. 시간이 흘러 이 칼럼은 한 권의 책으로 나왔다. 여수에 미역 창고를 짓고 눌러 앉게 된 사연과 섬에서의 삶을 재미있게 풀어 놓았다. 미역 창고 보수 공사 때문에 돈이 떨어져 선인세를 받았다는 저자의 말에 미역 창고 공사에 벽돌 하나라도 얹은 것 같아 내심 뿌듯했다.

이 책에서 주목했던 것은 바로 슈필라움spielraum, 번역하자면 '주체적 공간'이다. 독일어 '놀이 spiel'와 '공간 raum'이 결합되어 생긴 단어로 놀이 공간, 나아가 '내 마음대로 할 수 있는 자율의 공간'을 뜻한다. 사진을 보니 정말 멋진 슈필라움이었다. 곧바로 초라한 내 슈필라움이 떠올랐다. 지저분하게 쌓인 책과 노트, 필기도구, 노트북이 올려져 있는 작은 책상이 내 슈필라움이다.

"어린아이와 같은 퇴행적 행태를 보인 사람들만이 아우슈비츠에서 살아남았다."고 주장한 심리학자가 있다. 브루노 베텔하임 Bruno Bettelheim이다. 베텔하임은 이 같은 퇴행적 행동이 일어난 이유를 슈필라움의 부재로 설명한다. 스스로 결정할 수 있는 여지가 전혀 없는 수용소의 삶이 수감자들을 어린아이와 같은 퇴행적 상태로 몰아넣었다는 것이다. 이때 슈필라움은 '심리적 여유 공간'을 뜻하지 않는다. 인간으로서 최소한의 품격을 지킬 수 있는 '물리적 공간'을 뜻한다. 자존심을 지킬 수 있는 모든 물리적 공간이 박탈된 유대인들에게 남겨진 선택지는 어머니에게 모든 것을 맡기고 의존할 수밖에 없는 '벌거벗은 어린아이처럼 되거나, 아니면 죽거나' 이 두 가지뿐이라는 것이다.

물리적 공간의 부재는 곧 심리적 공간의 부재로 이어진다. 일체의 프라이버시가 허용되지 않는 수용소에서 슈필라움은 사치였고 슈필라움을 상실한 이들에게 삶은 곧 의미 없음과 동의어였다.

그는 여수라는 낯선 장소에 정착한 뒤 뒤늦게 공간, 즉 슈필라움의 가치에 대해 다시금 생각하게 된다. '삶이란 지극히 구체적인 공간 경험의 앙상블'이라고 정의 내린 뒤, '공간이 문화이고 공간이 기억이며 공간이야말로 내 아이덴티티'라고 못을 박았다. 공간은 그저 비어 있고 수동적으로 채워지는 것이 아니라 매 순간 인간의 상호작용에 개입하고 의식을 변화시킨다.

공간이 있어야 자기 '이야기'가 생긴다. '자기 이야기'가 있어야 자존감이 생기고 봐줄 만한 매력도 생긴다는 것이다. 나아가 한 인간의 품격은 자기 공간이 있어야 유지된다고 했다. 아이들이 사춘기가 되면 자기만의 방을 고집하고 문을 잠그기 시작하는 것은 주체적 개인으로, 한 사람의 온전한 인격체로 인정해 달라는 인정 투쟁과 다르지 않다는 것이다.

나는 슈필라움이라는 개념에 꽂히고 말았다. 왜 그렇게 공간에 집착했고 공간이 없을 때는 노트북을 챙겨 카페의 작은 테이블이라도 차지해야 숨을 돌릴 수 있었는가를 비로소 이해하게 되었다. 품격을 지키고 싶었던 것이었다. 자신만의 슈 필라움을 확보한 그는 어느 때보다 열정적으로 그림을 그리고 글을 쓰며 인생을 새로 살고 있었다.

그뿐만이 아니다. 여수 미역 창고에서 지내는 동안 이 분, 어느새 시인이 되었다. 책 중간중간 원고지에 직접 적은 짧은 글은 미역 창고에서 건져 올린 사색의 알곡들이었다. 미역 창고는 아닐지라도 다시마 창고라도 나온 것이 있으면 당장 여수로 달려가고픈 심정이다.

타고난 마스크라고 자꾸 강조하지만 실상은 그저 그런 외모에 머리숱 적고 키마저 작은 이 남자가 왜 자꾸 멋있어 보이는 걸까? 쓰고 보니 뜬금없는 사랑 고백이 되어 버렸다. ◆◇◆

이번 생에

발표는

글렀어

◇◇◇◇◇◇◇◇◇◇ 세상에서 제일 부러운 사람은 예쁜 사람도, 머리가 좋은 사람도 아니었다. 말 잘하는 사람이었다. 특히 많은 사람 앞에서도 떨지 않고 논리 정연하게 할 말을 하는 사람을 보면 중세 시대 신을 숭배하듯 경건한 마음이 절로 들었다.

나는 구제불능의 발표 불안 환자(?)였다. 어렸을 때부터 낯을 심하게 가렸다. 사람 많은 곳에서 말을 해야 할 때면 거의 공포에 가까운 두려움이 밀려왔다. 애써 그런 자리를 피했지만 어쩔 수 없이 발표를 해야 하는 상황이 오면 전날부터 잠을 설쳤다. 사람들 앞에 서면 얼굴이 벌게지고 목소리는 심하게 떨렸다. 옆에서 보는 사람이 안쓰러워 할 정도였다.

첫 책을 내기 위해 출판사에 투고 했을 때 실제로 책을 낸 출판사 외에도 몇 군데서 콜을 받았다. 마음이 가는 출판사가 있었고 그쪽에서 책을 내고 싶었다. 미팅 자리는 화기애애했고 자연스럽게 계약 쪽으로 분위기가 흘러가고 있었다. 그런데 편집자가 "작가님, 책 나오면 강연도 하셔야 해요."라고 당연하다는 듯이 말을 꺼냈다. 순간 혼비백산한 나는 그 자리에서 얼어붙었다. 집으로 돌아와 한참 고민 끝에 결국 출판 제의를 거절했다.

강연이 두려워 어렵게 찾아온 기회를 놓친 자신이 한심해서 자괴감이 밀려왔다. '이번 생에 발표는 글렀어.'라고 쿨하게 마음을 정리한 후 포기하고 살았는데, 이 말이 예언처럼 끈질기게 나를 따라다녔다. 결국 책은 다른 출판사에서 나왔다. 하지만 강연은 출판사가 바뀌었다고 피해 갈 수 있는 일이 아니었다.

사회 불안의 일종인 발표 불안의 기저에는 실수했을 경우 받게 될 비난에 대한 두려움이 자리하고 있다. '나를 무시하지 않을까, 함부로 대하지 않을까' 하는 타인의 시선에 과도하게 신경 쓴 탓이다. 불안에서 벗어나기 위해 그동안 택한 방법은 가장 손쉬운 회피였다. 책이 나오기 몇 달 전부터 고민이 깊어졌다.

결국 거액을 들여 강사 교육 과정에 등록을 했다. 일주일에 한 번, 퇴근 후 먼 거리를 오가야 하는 고된 일정이었지만 한 번도 거르지 않았다. 강연 스킬, 좋은 PPT 만드는 방법, 발성과 제스처 등 강연자로서 갖춰야 할 기본기에 대한 수업이 이어졌다. 몰랐던 사실을 알게 되어 어느 정도는 도움이 되었지만 이것만으로 두려움을 극복하기엔 역부족이었다. 비싼 돈을 내고 공부를 했는데도 별반 나아질 것 같지 않자 또다시 불안이 밀려왔다.

이론 수업이 끝나고 실연을 하는 일정만 남았다. 5분 스피치를 준비해서 직접 연단에 올라가 강연을 하는 수업이었다. 아무리 연습이지만 두려움이 엄습했다. 하지만 이 기회를 놓치면 영원히 벽을 넘지 못할 것 같은 또 다른 공포감에 열심히 발표 준비를 할 수밖에 없었다. 단 5분을 위해 몇 날 며칠을 준비했고, 드디어 내 차례가 되었다. 몸은 사시나무 떨 듯이 떨렸고 무슨 말을 했는지조차 기억이 나지 않을 정도로 긴장 속에 강연을 마쳤다. 강사의 피드백도 귀에 들어오지 않았다. 하지만 시간이 지나면서 조금씩 마음의 평정을 되찾았고 그제야 다른 사람의 강연이 눈에 들어왔다.

5분간의 실연이 그동안의 모든 과정보다 더 큰 도움이 되었음을 실감하는 순간이었다. 비록 실수투성이의 미숙한 스피치였지만 많은 사람 앞에서 5분의 시간을 견뎠다는 사실이 대견스러웠다. "할 수 있어!"라고 수백 번 소리쳐도 실제로 경험하지 않으면 공염불에 불과하다는 것도 깨달았다. 두려워하는 것을 피하지 않고 그것과 함께 머무를 수 있을 때 불안이라는 거대한 벽을 넘을 수 있었다. 그날 이후 조금 다른 삶을 살 수 있을 것 같은 자신감이 생겼다.

이후 책이 나왔고 여기저기서 강연 요청이 왔다. 첫 강연은 도서관이었다. 5분 스피치와는 비교도 안 되는, 꼬박 2시간을 혼자 얘기해야 하는 부담 백 배의 시간이 기다리고 있었다. 자료를 모으고 PPT를 만들었다. 치열한 연습 외에는 방법이 없었다. 시간을 재고 휴대폰으로 동영상도 찍었다. 마음이 들지 않는 부분은 반복해서 연습했다. 나중에는 눈 감고도 할 수 있을 정도로 완벽하게 암기하는 수준이 되었다.

드디어 D-day가 밝았다. 예정된 시간보다 일찍 강연장에 도착해서 자료 세팅을 마쳤다. 조금 있으니 하나둘 청중이 모여들기 시작한다. 완벽한 연습으로 어느 정도 자신감이 붙은 듯했지만 그건 연습일 때만 통하는 얘기였고 가슴은 다시 방망이질하기 시작했다. 할 수만 있다면 취소하고 집으로 돌아가고 싶었다. 하지만 운명의 시간은 잔인하게 흘러갔고 홀로 연단에 서야 할 시간이 다가왔다. 초롱초롱한 청중의 눈을 애써 피하며 강연을 시작했다.

우려와 달리 실제로 강연이 시작되자 큰 실수 없이 자연스럽게 말이 나왔다. 조금 더 시간이 지나자 청중들의 얼굴도 하나둘 시야에 들어왔다. 마침내 두 시간이 흘렀고 강연도 끝났다. 마지막 멘트를 하고 인사를 하자 생각보다 큰 박수 소리가 들려왔다. 안도감이 밀려왔다. 담당자한테도 좋은 피드백을 받고 돌아오는 차 안에서 자부심으로 얼굴이 살짝 달아올랐다.

내 인생에서 발표 불안이 사라진 날이었다. 학창 시절 발표 시간만 되면 긴장으로 머리가 하얘지고 횡설수설했던 일, 자기소개 시간도 부담스러워 슬며시 자리를 피했던 일 등이 하나둘 떠올랐다.

할 말을 못 하는 자는 고통스럽다. 수치심, 모멸감, 바보가 된 기분을 종합 선물 세트로 받게 된다. 표현의 자유는 인간의 기본적인 욕구인데 제때 언어로 태어나지 못한 말은 어딘가에 지층처럼 쌓여 있다가 화석으로 굳어진다. 욕구가 좌절당한 인간은 그래서 가슴 한구석이 딱딱하게 굳어있다. 막상 해 보니 아무것도 아니었다. 왜 수십 년을 말 못 하는 고통(?) 속에서 살았을까 생각하니 억울하기까지 했다.

이후 강연 요청이 오면 흔쾌히 받아들였고 수백 명이 나만 바라보는 상황에서도 긴장하지 않고 여유 있게 말하는 사람이 되었다. 심지어 그 시간을 즐기게 되었다. 강연을 통해 독자들과 소통하는 것은 또 다른 신선한 자극이었다.

발표 불안이 사라진 이유는 '발표=불안'이라는 기존의 등식에서 빠져나왔기 때문이다. 불안한 상황을 잘 대처했다는 자신감이 쌓이면 불안은 점차 사라지고 새로운 조합이 자리 잡게 된다. 발표는 곧 칭찬, 즐거움이라는 짝과 만나 불안이라는 못난 상대와는 이별을 고하게 된다. 이질적인 경험 속으로 용기를 내어 과감하게 뛰어들었기 때문에 그토록 두려워했던 강연을 마침내 해낼 수 있었다.

강연의 달인이라고는 할 수 없지만 이제 적어도 불안하거나 떠는 일에서는 해방되었다. '이번 생에서 발표는 글렀어.'라는 말은 더 이상 효력이 없어졌다. ◆◇◆

4

인생에 대하여

마흔이면,
상처 받지
않을 줄 알았다

인생은 3막이 고약하게 쓰여진
조금 괜찮은 연극이다.

트루먼 카포트

딸은

이쁘면

된다

◇◇◇◇◇◇◇◇◇◇ 입시의 계절이 돌아올 때마다 둘째의 입시 시절이 떠오른다. 논술 전형을 준비했던 둘째는 수능을 본 후 많이 좌절했고, 방에서도 나오지 않았다. 말도 많고 탈도 많았던 1교시 국어 과목이 발목을 잡은 탓이었다. 1교시 시험 후 심리적으로 위축되어 다른 과목도 영향을 받았다. 결과는 눈물과 한숨이었다. 결국 논술을 볼 자격조차 얻지 못한 채 정시라는 망망대해의 바다에 내동댕이쳐졌다. 아이도 나도 날카로운 못처럼 예민해진 상태였다.

막 출근해서 일을 하고 있는데 메신저가 울렸다. 한때 직장 동료였지만 타지방으로 내려가면서 연락이 끊긴 지 오래된 지인의 연락이었다. 그와 나는 비슷한 시기에 결혼해서 비슷한 시기에 아이를 낳았다. 잘 지내냐는 의례적인 인사가 오간 후 자연스럽게 입시가 화제에 올랐다. 자식과 함께 입시의 터널을 통과 중인 학부모라면 피해 갈 수 없는 얼마간의 불안과 한숨을 공유하고 있다고 착각한 나는 딸이 수능을 망쳐서 어쩔 수 없이 정시까지 가게 되었다고 하소연했다.

하소연에 대한 지인의 답은 생뚱맞게도 '딸은 이쁘면 된다'였다. 위로의 말을 기대했던 희망이 무참히 무너지는 순간이었다. 어이가 없어서 무슨 말을 해야 할지 생각이 나지 않았다. "그래 고마워."라고 하기엔 하나도 안 고마웠고, "맞아, 여자는 그래도 얼굴이지."라며 맞장구라도 치게 되면 시대에 역행하는 올드한 가치관에 동의한다는 의미라 싫었다. 당황하고 있는 사이 연이어 또 다른 메시지가 올라왔다. '우리 둘째는 S대 합격했어.' 그녀는 너무 기쁜 나머지 이성을 잃은 모양이었다. 축하한다는 의례적인 말을 남기고 서둘러 톡을 빠져나왔다. 햇살 뜨거운 여름날, 무방비 상태로 나갔다가 굵은 소나기를 흠씬 두들겨 맞은 기분이었다.

딸은 이쁘면 된다는 말이 목에 걸린 가시처럼 불편했다. 아무리 애를 써도 가시는 쉽게 빠질 기미가 없었다. 자식이 수능을 망쳐서 기분이 엉망인 부모에게 위로의 말은 고사하고 유통 기한이 지나도 한참 지난 말을 서슴없이 내뱉어 속을 뒤집어 놓다니! 그것도 모자라 자기 아이의 합격 소식을 그렇게 바쁘게 전하다니! SKY 캐슬에 입성했다는 것이 상황 판단마저 흐리게 할 정도로 가슴 뛰는 일이었는지도 모르겠다. 하지만 입시 지옥을 채 빠져나오지 못하고 허우적거리는 사람의 마음은 아랑곳하지 않고, 자신은 그 지옥을 아주 쉽고 빠르게 빠져나온 데다가 심지어 천국에 입성까지 했다는 소식을 자랑하기에 급급했던 그녀를 어떻게 이해해야 할지 막막했다.

그 사람의 시계는 20세기에서 멈춰 있었다. 물론 나를 엿먹이기 위해 그런 것이 아니란 건 나도 안다. 더불어 내 딸의 미모(?)를 칭찬한 것도 진심임을 의심하지 않는다. 다만 시대착오적인 생각을 하고 있다는 자각조차 하지 못한 자신에 대한 몰이해와, 배려가 빠진 말로 인해 받을 타인의 상처에 무심한 행동이 문제였다.

또 다른 지인은 반대의 경우다. 지인의 딸이 사귀던 남자 친구와 헤어졌다고 했다. 오래 사귄 관계이다 보니 자연스럽게 결혼 같은 청사진에 대한 얘기가 오고 갔다. 지인의 딸은 학창 시절 뛰어난 수재로 이름을 날렸고 직장에서도 능력을 인정받은 재원이었다. 하지만 남자 친구는 여자 친구가 자신의 그림자로만 존재하기를 원했다. 그 딸의 머릿속 어디에도 살림하고 애만 키우는 자신의 모습은 없었지만, 남자 친구는 자신이 사회적 성공을 위해 달려가는 동안 조용히 집안에서 '내조'하기만을 바랐다. 결국 그 아이는 대화가 통하지 않는 남자 친구와 미련 없이 헤어졌다. 부모 역시 딸의 결정을 지지해 주었음은 물론이다.

시대가 바뀌었다. 남녀의 역할에 명확한 선을 그었던 시대는 이제 저물고 있다. 하지만 남녀 역할에 대한 시차는 여전히 동상이몽을 벗어나지 못하고 있다. 지구 반대편만큼이나 떨어진 시차에서 각기 다른 꿈을 꾸며 살고 있다. 지구의 반은 남자다. 이 말은, 나머지 반은 여자라는 얘기다. 사이좋게 공존해야 하는 세상에서 한쪽의 희생만 강요하게 되면 나머지 반쪽의 인생도 불행을 피해 갈 수 없다. 누군가의 희생으로 유지되는 관계는 바람직한 관계가 아니고 언젠가는 허물어질 수밖에 없는 위태로운 모래성과 다름없다.

내 인생에서 졸업식은 더 이상 없을 줄 알았다. 하지만 그때 다시 한번 '사람 졸업식'을 했다. 아쉬움도 미련도 없는 졸업식이었다. ◆◇◆

더 이상 •

체면 차리지 않기로

했다

◇◇◇◇◇◇◇◇◇◇ 직장 상사 자녀의 결혼식 청첩장을 서랍 속에 보관 중이다. 그 사람과는 오래전에 같이 근무했다는 실낱같은 인연이 있을 뿐이다. 가야 하나 말아야 하나, 축의금은 어떻게 해야 하나 하는 문제로 며칠째 고민했지만 결론을 내지 못했다. 화사하고 예쁜 청첩장 이면의 무거운 중압감은 '인륜지대사'인 결혼의 의미를 무색하게 한다.

경조사를 대비해 직장에서는 상조 회비라는 명목의 돈을 미리 모아 둔다. 축하할 일이나 조문해야 할 일이 생기면 회사 차원에서 돈을 전달하기 위해서다. 하지만 공식적으로 오가는 돈으로는 개인의 체면을 세울 수 없다고 판단한 탓인지 부서별로, 혹은 개인별로 2차, 3차의 돈을 또다시 모은다. 예식이 몰려 있는 봄과 가을에는 축의금으로 나가는 돈을 위해 따로 적금이라도 들어야 할 판이다.

영화에서 봤던 서양의 결혼식 장면이 떠올랐다. 한국으로 치면 구청이나 시청에서 간단히 혼인 신고를 하고 가까운 지인 몇 명만 초대해서 조촐한 예식을 치른다. 신랑 신부를 잘 아는 사람들이기에 두 사람의 앞날을 진심으로 축복해 준다. 참으로 영화 같은 얘기다.

우리는 어떤가? 혼주 입장에서는 다른 사람의 이목 때문에 빚을 내서라도 고가의 혼수품을 장만하느라 허리가 휜다. 하객 입장에서는 청첩장을 받으면 안 갈 수 없어서 고민스럽고, 체면 때문에 내야 하는 축의금도 부담스럽다. 이미 받은 사람은 부채감에 시달리지 않기 위해 물가 상승률까지 고려하여 정확하게 돌려줘야 하고, 아직 받지 않은 사람은 앞으로 받을 돈을 머릿속 계산기로 두드려 본다.

장터보다 더 붐비고 혼란스러운 예식장에서 혼주의 이름을 겨우 찾아내어 눈도장을 찍고 나면 식장 대신 식당으로 직진한다. 사람들이 몰려오기 전에 후딱 한 그릇을 비워야 한다는 조급함 속에는 축의금으로 낸 돈을 밥값으로라도 돌려받아야 덜 억울할 것 같은 마음이 자리 잡고 있다. 자본주의의 논리에 깊이 동화된 모습이다. 정작 예식의 주인공인

신랑 신부는 뒷전이다. 식이 끝나기 무섭게 다음 예식장으로 이동해야 하는 급박한 사정도 있다.

결혼식뿐만 아니라 장례식의 경우도 크게 다르지 않다. 독일의 메르켈 총리가 4월 초에 모친상을 당했다. 하지만 이 사실이 독일 언론에 처음 보도된 것은 장례식이 이미 끝난 그달 10일에 이르러서였다. 총리실 대변인은 언론 보도가 나오자 그제야 총리 모친상 사실을 확인하면서 "총리와 가족의 사적 영역을 존중해 달라."는 짧은 코멘트만 했을 뿐이다. 총리 어머니의 장례식은 가족과 고인의 지인들만 참석한 채 조용히 치러졌다고 한다.

장례식은 고인을 기억하는 '진짜' 지인들이 모여 추모하고 애도를 표하는 장이다. 하지만 우리나라에서는 자녀의 결혼식을 조용히 치르는 사례는 조금씩 늘어나고 있는 반면 부모 장례까지 조용히 치르는 경우는 찾아보기 힘들다. 자칫 불효자로 손가락질 당하기 십상이기 때문이다. 화환과 조문객은 넘쳐 나지만 진정한 위로는 어디에도 없다. 애도의 자리라기보다는 눈도장 찍는 정치판이거나 돈이 오가는 장사판 분위기에 더 가깝다. 급기야 모친상이었는지 부친상이었는지조차 헷갈리는 경우도 있다. 하지만 '작은 결혼식'이 조금씩 자리를 잡아가는 마당에 '작은 장례식'이라고 못 할 이유가 있을까?

얼마 전 연수 때 만났던 직장 동료 A의 사연도 경조사 문화에 대해 다시금 생각하게 했다. A와 B는 같은 부서에 근무했지만 서로 친한 사이는 아니었다. 처음, A는 부모상을 당해 B로부터 부조금을 받았다. 이후 A는 타 지역으로 발령이 나서 그곳을 떠났다. 몇 년의 시간이 흘렀고 B가 상을 당했다는 소식을 들었지만 직계 가족도 아니고 같은 곳에서 근무하는 것도 아니라서 잊어버리고 말았다.

장례가 끝난 후 B의 문자가 도착했다. 부조금을 왜 안 주냐는 독촉 문자였다. 놀란 A는 급한 일이 있어서 경황이 없었다고 둘러대며 늦어서 죄송하다고 백배사죄를 해야 했다. 어차피 경조사비는 주고받는 것이 당연시 되므로 밀린 빚을 당당하게 받고자 하는 B의 요구는 정당한 것일까? 채권자 행세를 하는 B나, 순식간에 채무자 입장이 되어 사죄를 해야 했던 A의 모습은 경조사 문화에 대한 현주소를 여실히 보여주었다.

다른 비용은 줄일 수 있어도 경조사비는 좀처럼 줄일 수가 없다고 하는 이유는 모두 체면 때문이다. 체면 문화는 내가 중심이 아니라 타인이 중심이 되는 사회의 어두운 그림자다.

과거의 혼례나 장례는 서로 도움을 주고받는 아름다운 풍습이었으나 점차 변질되어 부와 성공을 과시하는 장으로 변모되었다. 남에게 보여주기 위한 의식이 되고 말았다.

오랜 체면 문화를 이제는 버려야 할 때라고 생각한다. 자신의 삶을 만들어 가는 것도 버거운 판에 남을 의식하는 것이 과연 무슨 의미가 있을까? 체면 차리다가 정작 자신을 잃어버릴 수도 있다. 진심으로 결혼을 축하해 주고 싶은 사람, 마음으로 애도하고 싶은 경우가 아니면 더 이상 체면 차리지 않기로 했다.

서랍 속의 청첩장을 휴지통에 버렸다. 예식장에도 안 가고 축의금도 보내지 않기로 했다. 그쪽에서 서운해 한다고 해도 별수 없는 일이라 생각하며 부담을 내려놓기로 했다. 하지만 청첩장을 받거나 부고 소식을 듣고도 무시하기는, 아직은 미안함이 남는 건 어쩔 수 없는 듯하다. ◆◇◆

사소한 일상에서

튕겨져

나왔다

◇◇◇◇◇◇◇◇◇◇ 나와 당신, 그리고 우리 모두의 삶 속에 '비극'은 언제든 찾아올 수 있는 불청객이다. 어른이 된다는 것은 어떤 말로도 위로가 되지 않는 삶의 비극이 나에게도 닥칠 수 있다는 것을 받아들이는 것이 아닐까?

둘째 아이가 10개월이었던 무렵, 한창 호기심 천국이었던 아이는 여기저기 기어 다니며 크고 작은 사고를 쳤다. 어느 날 아이 우는 소리에 무심코 뒤를 돌아본 나는 소스라치게 놀랐다. 반사 신경이 채 발달하지 않았던 아이는 김이 올라오는 밥통에 손을 댄 채 자지러지게 울고 있었다. 혼비백산해서 아이를 안아 올리고 수돗물을 틀어 다친 손을 식혔다. 하지만 연약한 손바닥은 이미 뜨거운 김에 익어서 벌겋게 부풀어 오르기 시작한 후였다.

아이를 둘러업고 이 병원, 저 병원을 뛰어다니며 나는 반쯤 정신이 나가 있었다. 눈앞에 닥친 잔인한 현실은 초보 엄마가 감당하기엔 버거운 짐이었다. 불행은 그렇게 예기치 않은 순간 찾아왔고, 수술과 입원이 반복되는 지난한 나날이 시작되었다.

당시 느꼈던 외롭고 참담한 심정은 살면서 두 번 다시 느끼고 싶지 않을 정도로 마음에 깊은 상처로 남았다. 아무도 없는 세상에 홀로 던져진 듯한 고독감, 아이가 잘못될지도 모른다는 공포감, 어미로서 자식을 제대로 건사하지 못한 데서 오는 미안함과 죄책감, 아이의 고통에 아무것도 할 수 없었던 무력감 등, 살면서 한 번도 겪어 보지 못했던 온갖 감정의 회오리 속에서 신음하던 시간이었다.

의사가 지나가는 말로 던진 한마디에도 가슴은 쿵쾅거렸고 머릿속에서는 비극적 결말이 예정된 소설이 펼쳐지고 있었다. '가슴이 아프다'는 말이 있다. 평소에는 이 말이 언어의 수사적 표현에 불과한 것이라고 생각했다. 그런데 그게 아니었다. 진짜로 가슴이 아팠다. 물리적이고 육체적인 고통이 생생하게 느껴졌다. 헤진 걸레처럼 너덜거리는 몸과 마음을 간신히 추스르며 하루하루를 버텨야 했다.

입원 기간 동안 마주한 다른 환자들의 구구절절한 사연은 가슴에 무거운 돌덩이 하나를 더 올려 주었다. 세상의 온갖 불행은 이 병실에 다 모인 듯했다. 저마다의 불행을 애써 감춘 채 말없이 자식을 돌보고 손주를 살피던 가족들의 모습이 많은 시간이 흐른 지금까지도 쉬 잊히지 않는다. 당시 나는 내가 아주 흉한 꿈을 꾸고 있다고 생각했다. 그렇지 않고서는 무수한 고통의 시간을 견뎌 낼 수 없었을지도 모른다. 평등하지 않은 죽음과, 매일매일의 불행 속에서도 희망을 포기하지 않았던 사람들 덕분에 나는 인생을 조금 알게 되었다.

인생은, 살아간다는 것은, 사소하면서 구체적인 행위의 연속이다. 잠을 자고 밥을 먹고 집안을 정리하며 직장으로 향하는 행위는 사소하기 이를 데 없다. 사소한 일상에서 튕겨져 나온 후에야 비로소 떠나온 자리가 얼마나 소중했는지 깨닫게 된다. 아이의 사고를 겪고 나서도 나는 밥을 먹고 잠을 잤고 누군가와 통화를 했다. 집안을 정리하고 친구에게서 온 문자에 답을 했다. 그렇게 하루하루를 견뎠다. 아침마다 병원으로 출근했던 친정 엄마의 첫인사는 언제나 "밥은 먹었니?"였다. 버석거리는 피부와 퀭한 눈, 짙은 다크 서클은 마음고생을 그대로 드러내었고, 그런 딸의 얼굴을 볼 때마다 엄마의 가슴도 무너져 내렸을 것이다.

아침마다 끼니 안부를 묻던 엄마의 사소한 말 한마디, 유모차에 아이를 태우고 병원 뜰을 거닐며 보았던 노란 은행잎, 공중으로 흩어지던 아이들의 천진한 웃음소리, 같은 병실 환자들과 나눠 먹었던 한 조각의 빵 같은 별것 아닌 것들에 나는 위로받았다. 아물 것 같지 않았던 상처는 이제 희미한 자국만 남았다. 고인이 되신 박완서 작가는 생전에 사랑하는 남편과 아들을 연이어 잃는 고통을 겪었다. 시간이 흐른 뒤, 한 인터뷰에서 힘든 시간을 어떻게 극복했냐고 기자가 물었다. 노작가는 대답했다. "삶의 고통은 극복하는 것이 아니라 견디는 것이다."라고.

한 치 앞도 알 수 없는 인생이다. 세상의 모든 불행의 집결소 같은 병원에서 나는 인생을 조금 배웠다. 뜻하지 않은 사고를 겪으면서, 삶이란 외롭고 고통스럽지만 견뎌야 한다는 것을 깨달았다. 나한테만은 결코 나쁜 일이 일어나지 않을 거라는, 내 삶의 테두리만은 결코 침범받아서는 안 된다는 오만함에서도 그제야 겨우 벗어날 수 있었다. ◆◇◆

멀쩡한 사람

바보

만들기

　　　　　　　지인들과의 술자리에서 A가 말했다 "와이프가 자꾸만 지적하니까 이젠 내가 진짜 모자란 놈 같아." 농담으로 한 말이었는데 이 말을 듣는 순간 오래전 직장 상사가 떠올랐다. 멀쩡한 사람 바보 만들기는 생각보다 훨씬 쉽다.

　늦은 나이에 들어간 직장은 매일이 지옥이었다. 학교 졸업 후 바로 결혼을 했고 전업주부로만 10년을 훌쩍 넘어선 시점에 일을 하겠다고 사회에 뛰어들었으니 어찌 보면 무모한 짓이기도 했다. 직장에 들어가겠다고 했을 때 주변에서 "이제 와서 뭐하러? 애들은 어쩌고?"라며 한사코 만류했던 이유였다. 하지만 당시의 나는 육아와 살림에 지칠 대로 지쳐 있었고, 자아가 사라져 간다는 위기의식이 최고조에 달한 때였다. 폭발 일보 직전의 분화구나 다름없었다. 돌파구를 찾아야 했다. 결국 악착같이 공부해 시험을 통과했고 간절히 원하던 직장인의 삶을 시작했다.

멋진 옷을 입고 출근하는 세련된 커리어우먼을 상상했던 내게 현실은 환상이 아님을 깨닫게 되기까지는 그리 오랜 시간이 걸리지 않았다. 사회는 그렇게 만만한 곳이 아니었다. 어느 누구도 뒤늦게 들어온 나이 든 여자에게 관심이 없었다. 그러기엔 각자에게 맡겨진 일의 하중이 지나치게 무거웠다. 이 눈치 저 눈치 보며 하루하루 버티기에 급급했다.

직속상관 B는 워커홀릭에다 성격이 유별나다고 소문이 자자한 사람이었다. 처음에는 친절이라는 가면을 쓰고 나를 대했지만 아무런 이력도, 준비도 없이 직장에 들어온 것을 알게 된 순간 B는 돌변했다. 철저하게 자기중심으로 업무를 처리했으며 도와준다는 명목 하에 사사건건 간섭하기 시작했다. 지시적 어조로 일관했으며 작은 실수라도 할 경우 마치 기다렸다는 듯이 비난하고 책임을 따져 물었다. 젊은 사람들을 제치고 좋은 성적으로 합격했다는 최초의 자부심은 온데간데없이 사라진 자리에 위축되고 초라한 자아만 남았다. 나는 어리바리한 사회 초년생 그 이상도, 그 이하도 아니었다.

권위적인 B는 나와의 관계에서 금방 우위를 점했다. 업무를 하는 동안 B는 내 감정을 좌지우지했고 그가 휘두르는 대로 움직이는 나는 연약한 나뭇가지와 다를 바 없었다.

점점 무기력해진 나와 달리 그는 날이 갈수록 기고만장해졌다. 기름 떨어진 자동차처럼 덜덜 거리며 달려가던 내 자존감은 B로 인해 순식간에 바닥이 드러나고 말았다. B는 나를 철저하게 길들였고 그의 의도대로 잘 길들여진 강아지가 된 나는 눈치 보기에 급급했다.

공격적으로 비난할 때는 완전히 위축되었다가 어쩌다 칭찬 비슷한 말이라도 하면 금세 기분이 나아졌다. B의 말 한마디, 표정 하나에도 눈치를 살피는 나는 이미 한 사람의 건강한 주체가 아니었다.

처음에는 상사에게 분노했지만 이런 생활이 반복되자 화살은 나를 향하기 시작했다. 내 능력을 의심하게 되었고 그 사람이 없으면 일 처리도 제대로 하지 못했다. 스스로의 판단을 믿지 못해 B가 결정해 줄 때까지 기다렸고, 일이 잘못되었을 경우 모든 것을 내 탓이라 여겼다. 어느 순간부터 그토록 미워했던 B에게 전적으로 의존하고 있었다. 실제로는 하자 없는 멀쩡한 사람이었지만 나는 내가 어딘가 모자라고 부족한 사람이라고 여기게 되었다.

처음에는 이런 생각이 아주 잠깐씩만 들었지만, 점차 커지기 시작하더니 끝내 의식을 완전히 점령해 버렸다. 이제 나는 진짜 모자란 사람이 되어 그에 합당한 행동을 했다. 간단한 일도 제대로 처리하지 못했고 잦은 실수를 반복했다. 그러다 보니 상사의 지적질은 더 심해졌고 자존감은 더욱 곤두박질쳤다. 해야 할 말은 방향을 잃고 흩어졌고 억울함은 산처럼 쌓여 갔다. 스트레스로 예민해져서 집에 가면 아예 입을 다물어 버렸다. 아이들에게 엄마 노릇도 제대로 하지 못했다.

당장이라도 관계를 끊고 다른 길을 모색했어야 함에도 직장 생활이 처음이었던 나는 요령도, 자존감도 없었다. 끊임없이 불행하다 여기면서도 지옥을 헤치고 나올 엄두는 내지 못했다. 부당한 대우를 받고 있었지만 아무에게도 털어놓지 못했다.

권력관계에서 철저하게 을의 입장이 된 나는 아무런 대응을 하지 못한 채 그저 시키는 대로 무력하게 순응만 했다. 설사 대응한다고 해도 철옹성처럼 단단한 B가 끄떡이나 할까 싶어 지레 마음을 접었다. 오히려 역공을 당해 지금보다 입지가 더 좁아질 것만 같은 불안 때문이기도 했다.

어느 날 아침 출근하려고 전철을 기다리고 있었다. 계절은 딱 가을이었다. 낙엽이 하나둘 떨어지기 시작한 계절의 중턱에서 마음을 다친 한 여자가 망연자실 철길만 바라보고 있었다. 타고 가야 할 지하철이 도착했지만 그냥 보내고 그 자리에 멍하니 서 있었다. 등교 거부가 아닌 출근 거부였다. 직장으로 향하는 전철만 아니라면 어떤 전철이라도 타고 사라지고 싶었다. 그만큼 절박했다. 어렵게 들어간 직장에서 입사와 동시에 퇴사를 고민해야 할 만큼 고된 시절이었다.

하지만 결국 시간은 흘렀고 서툴기만 했던 업무도 차츰 손에 익어 실수가 줄었다. 큰 그림이 보이면서 조직의 흐름도 눈에 들어왔다. 비로소 그의 행동이 횡포에 가깝다는 자각이 들었다. 내가 처한 상황을 조금씩 외부에 알리기 시작했다. 동료들과 대화를 통해 나만 어려웠던 게 아니었다는 사실도 알게 되었다. 한때 그 사람과 일을 한 사람 모두 깊은 상처를 받았음을 알게 되었고, 우리는 동병상련의 심정으로 아픔을 나누었다.

부서장에게도 고충을 토로했다. 철저히 혼자라고 생각했을 때는 외롭고 힘들었지만 공감해 주는 사람이 생겼다는 것만으로도 큰 위로가 되었다. 마음이 조금씩 단단해졌고 그 사람과의 관계에도 변화가 생기기 시작했다.

일방적으로 순응만 하던 것에서 차츰 벗어나 목소리를 내기 시작했다. 부당한 요구에 대해서는 거절을 했고 일방적으로 처리한 일은 이유를 물었다. 처음에는 긴장되고 힘들었지만 내 요구가 정당한 것이었기에 B도 더 이상 토를 달지 않았다. 행동반경이 넓어지고 동료들과 어울리는 시간이 늘어나자 그동안 자기가 한 행동이 꺼림칙했던지 눈치를 보기 시작했다. 강한 자에게 약하고 약한 자에게는 강한 야누스 같은 얼굴을 본 것 같아 참담한 기분이 들었다. 벗어날 수 없을 것만 같던 지옥에서 나는 어떻게든 조금씩 발을 빼내고 있었다. 3년을 같이 근무한 후에야 그 사람과의 실질적인 관계는 끝이 났다.

관계는 언제나 어렵다. 모든 사람이 서로 영향을 주고받으며 그 영향력은 또 다른 누군가에게로 옮아간다. 이 속에서 중심은 언제나 타인이 아닌 내가 되어야 한다. 관계의 예의를 모르는 안하무인의 사람에게는 그에 합당한 행동을 하지 않으면 영원히 휘둘리게 된다. 값비싼 대가를 치른 후 알게 된 진실이었다.

멀쩡한 사람 바보 만들기는 생각보다 쉽다. '너는 모자란 인간이야.'라는 암시를 계속 주기만 하면 된다. 당한 사람은 스스로 '모자란 사람'으로 위치를 설정한 뒤 그에 걸맞은 행동을 한다. 학대받은 사람이 쉽게 바보가 되는 것도 같은 이치다. 예전의 내가 그랬듯이 말이다.

약자에게 강하고 강자에게 약한 사람은 상대가 약자임을 파악한 순간 포식자로 돌변한다. 노리개로 전락한 사람이 선택할 수 있는 방법은 많지 않다. 자존감이 손상될 대로 손상되어 주체성을 잃고 시키는 대로 움직이는 게 대부분이다.

내 삶을 누군가가 쥐락펴락하도록 내버려 두어서는 안 된다. 타인의 어두운 그림자에 잠식당하지 않도록 자신을 보호해야 한다. 한 사람의 온전한 주체가 되기 위해서는 용기가 필요하다. ◆◇◆

상처에

소금

뿌리세요?

◇◇◇◇◇◇◇◇◇ 몇 년 전 건강이 좋지 않아 직장에 병가를 내야
할 일이 생겼다. 사유를 설명한 뒤 양해를 구했다. 직장 상사
는 아주 짧은 기간 동안만을 허락했다. 공식적으로 쓸 수 있
는 시간이 있지만 그 기간을 온전히 쓰는 사람은 거의 없는
게 현실임을 감안해 최소한의 요청을 한 것인데, 거기서 또
얼마간의 기간을 추가로 삭제당했다. 물건값을 깎는 것도 아
니고 아픈 사람에게 요양의 시간조차 허용하지 않는 것은 가
혹한 처사라고 생각했다.

직원에 대한 의례적인 배려조차 없는 냉정함에 서러움이
몰려왔고 급기야 화가 폭발했다. "아픈 것도 서러운데 상처
에 소금 뿌리세요?" 분노와 서운함을 담은 말을 내뱉었다. 그

제야 상황의 심각함을 인지하고 자신의 실수를 깨달았는지, 아니면 알아서 긴다고 생각하고 적당히 무시하려 했는데 마음대로 안 된다고 느껴서인지 부랴부랴 미안하다고 사과했다. 하지만 그 사람의 인간성은 이미 밑바닥까지 훤히 드러난 후였다. 쉬고 싶은 만큼 쉬라면서 쏟아진 물을 주워 담으려는 헛된 시도를 했지만 내 마음의 온도는 차갑게 식어 버린 후였다.

어렵게 얻은 휴가였지만 병원에 있는 동안에도 마음은 편치 않았다. 전화벨만 울려도 가슴이 덜컹 내려앉았고 밀린 일이 머릿속을 떠나지 않았다. 퇴원하자마자 곧바로 직장에 복귀했다. 고생했다는 의례적인 인사를 던진 상사는 곧 내가 해야 할 일을 상기시켰다. 그동안 자리 비운 것에 대해 깊은 죄책감을 느끼면서 그전보다 더 열심히 일했다. 내가 겪었던 경험은 아무것도 아닌 일이었고 조직의 관점에서는 생산성을 떨어뜨리는 비효율적인 일일 뿐이었다.

마치 아무 일도 없었던 것처럼 다시 일상을 이어 갔다. 서럽고 외로웠지만 모든 것은 온전히 혼자서 감당해야 할 몫이었다. 조직의 차원에서 개인은 존중받아야 할 개별적인 존재가 아니라 조직이 잘 돌아가기 위한 한낱 부품에 불과했다.

사람이라면 누구든 아팠거나, 아프거나, 언젠가는 아프게 된다. '아픈 몸'은 나와 상관없는 누군가의 몸이 아니다. 하지만 그때 나는 고립된 섬처럼 철저히 혼자였다.

아서 프랭크Arthur Frank는 그의 저서 『아픈 몸을 살다』에서 조직은 몸을 생산의 자원으로만 사고하기 때문에 조직에서 아픈 사람이 받는 공감에는 한계가 있다고 했다. 언감생심 공감까지는 바라지도 않았다. 공감은 타인의 입장에 자신을 포개 놓고 생각할 줄 아는 능력이다. 인간이기에 가능한 능력이기도 하다.

하지만 어찌 된 영문인지 공감 능력이 결핍된 자들이 주변을 병들게 하는 일을 자주 목격한다. 이들은 자신이 원하는 결과를 얻기 위해 타인을 아무렇지 않게 희생시킨다. 개인을 하나의 인격체로 인정하고 존중하는 것이 아니라 조직의 일원으로, 일개 수단으로만 취급한다. 그 결과 그와 함께 한 사람은 마음을 다치고 깊이 상처 받는다.

상사는 평생 한 번도 아파 본 적이 없는 사람처럼 행동했고 앞으로도 영원히 아프지 않을 사람처럼 말했다. 갑작스럽게 생긴 질병으로 적잖이 당황하던 차였기에 미세한 자극에도 쉽게 상처가 났다.

아픈 사람은 죄책감을 느끼게 된다. 가정에 소홀해지고 직장에서도 일정 기간 의무를 다하지 못함으로써 무책임한 사람처럼 느껴진다. 직장에 복귀하고 나서 더 열심히 일했던 이유였다. 요가나 필라테스로 매끈한 몸을 만들고 성형으로 배우 같은 마스크를 열망하는 것은 모두 몸이 통제될 수 있고, 또 통제해야 하는 대상이라는 메시지를 담고 있다. 그래서 다이어트에 실패하거나 건강을 잃은 것은 통제에 실패했다는 의미가 되고, 이는 사회적으로도 도덕적으로도 지탄의 대상이 된다.

『아픈 몸을 살다』에서는, 사회는 환자 자신이 통제력을 상실해서 병이 났다고 보기 때문에 병에는 '도덕적 실패'라는 의미가 담겨 있다고 했다. 정확한 지적이었다. 인간인 이상 우리 몸은 어느 순간 통제에서 벗어나게 되어 있다. 질병과 노화라는 반갑지 않은 손님이 누구에게나 찾아오는 순간이 있기 때문이다. 몸은 의사의 치료나 환자의 의지로 통제할 수 있는 영역이 아니다. 아서 프랭크의 말대로 '내 몸은 내가 할 수 있는 일 너머에, 그저 존재할 뿐'이다.

예민한 사람은 타인의 상처를 재빨리 알아본다. 그래서 남을 아프게 하지 않으려고 애쓴다. 인간이 인간다운 이유는 타인의 고통을 '상상'할 수 있는 능력 때문이 아닐까. 굳이 아파 보지 않고도 상상할 수 있어야 사람이다. ◆◇◆

불안한 은희들의

안쓰러운

날갯짓

한밤중에 자취를 하고 있는 딸한테서 전화가 왔다. 수화기 너머에서 숨이 턱까지 찬 딸아이의 다급한 목소리가 들려왔다. "엄마, 자취집에 이상한 사람이 들어왔어. 옆집 언니 방을 엿보다가 남자 친구가 뛰어나가자 도망갔어. 뒤따라갔는데 순식간에 사라져서 놓쳤어. 무서워서 도저히 이집에서 잘 수가 없어서 오늘은 친구 집에서 자야 할 것 같아."

순간 가슴이 두방망이질을 시작했다. 같은 건물 안에 사는 사람의 짓일 거라는 심증만 있을 뿐 정확한 물증이 없어서 사건은 흐지부지되었다. 하지만 아이의 일상은 풍비박산이나 버렸고 스트레스로 몸 여기저기가 아팠다. 누가 볼까 봐 목욕도 제대로 못하는 상황이 되어 결국은 자취방을 옮겨야 했다.

며칠 뒤 동생을 만나 이 상황을 얘기했더니 동생은 오래 전 자신의 경험담을 털어놓았다. 대학에 다닐 때 친구와 함께 밥을 먹다가 갑자기 화장실이 급해진 동생은 식당이 있는 건물의 화장실을 이용하게 되었다. 볼일을 보는 와중에 뒤가 서늘한 느낌이 들어 무심코 돌아보았더니 화장실 칸막이 사이의 미세한 틈으로 누군가가 자신을 훔쳐보고 있었다. 그 자리에서 몸이 얼어붙은 동생은 무섭고 떨려서 한참 동안 화장실에서 나올 수 없었다고 했다. 사회 곳곳에 숨은 은밀한 폭력의 희생양이 된 동생과 딸아이의 처지를 생각하다 영화 「벌새」의 주인공 은희가 떠올랐다.

성장 영화가 대개 그렇듯 「벌새」 역시 중학생 은희가 다양한 사건을 겪고 통과 의례를 치르면서 성숙해지는 과정을 보여 준다. 영화의 배경은 1994년이다. 이 시기에 나는 은희와 같은 중학생은 아니었다. 하지만 은희가 사춘기를 지나는 동안 나는 또 다른 나이대를 통과하며 그 시대를 겪었다. 위태로운 가정, 불안한 시대, 은희를 둘러싼 불안정한 관계들이 열다섯 살 사춘기 소녀의 삶을 흔들고 불안으로 가득하게 했다.

영화 속 은희를 둘러싼 세상은 폭력이 난무하는 곳이었다.

외도를 해도 당당한 아빠는 엄마와 피가 튀게 부부 싸움을 한다. 외고에 진학하라는 아빠의 압력에 시달리는 오빠는 만만한 여동생을 때리며 스트레스를 푼다. 딸을 보호하기는커녕 공부 잘하는 아들을 두둔하는 부모는 그녀에게 더 큰 폭력을 행사한 거나 마찬가지였다. 아빠나 오빠가 골프채로 집안의 여성을 때리는 일이 공공연한 비밀이었지만 아무런 문제가 되지 않는 시대였다. 공부를 못하는 은희는 집에서 그야말로 투명 인간 신세였다.

학교도 보이지 않는 폭력이 만연하는 세계였다. 예나 지금이나 성적이라는 단일 잣대로 학생을 평가하는 학교에서 교사는 '날라리를 색출하자'고 목소리를 높였다. '대학 가서 미팅 할래? 공장 가서 미싱 할래?'라는 70년대 문구는 은희가 살고 있는 90년대에 와서 '나는 노래방 대신 서울대 간다!'로 진화한다. 하지만 본질은 변하지 않았다.

은희보다 더 오래전에 학창 시절을 지나온 세대로서 학교에 대한 기억이 호의적일 수만은 없다. 학기 초만 되면 매번 실시하는 기초 환경 조사에서는 부모의 학력과 직업 외에도 부동산과 동산 등 지극히 사적인 영역인 재산까지 낱낱이 공개하게끔 되어 있었다. 반 아이들이 모두 있는 자리에서 한부모 가정인 학생은 손을 들라는 말을 아무렇지 않게 했다.

'학생 인권'은 생소한 언어였고 여자라고 해서 폭력을 피해 갈 수도 없었다. 학교는 위계질서가 뚜렷하고 권위적인 집단이었고, 권위를 유지하기 위한 수단은 폭력이었다. 폭력이 난무하는 세계에서 학생은 교사의 폭력을 체화해 권력 쟁취의 수단으로 삼아 '짱'이 되었고, 짱이 되지 못한 아이들은 주변을 서성거리며 권력의 부스러기를 주워 먹었다. 은희는 학교에서도 보이지 않는 흐릿한 존재에 불과했다.

1994년 10월 21일, 서울 한복판의 성수대교가 무너져 내리는 사고가 일어났다. 17명이 다치고 32명이 사망하여 총 49명의 사상자를 냈다. 영화 속에서는 유일하게 은희의 마음을 읽어 주었던 영지 선생님이 이 사고로 목숨을 잃게 된다. 선생님은 은희에게 이해할 수 없는 세상의 비밀을 알려 준 사람이었다. 공부를 못해도 괜찮고 언젠가는 온전한 네가 될 거라는 믿음을 가질 수 있게 해 준 유일한 존재였다. 자신을 긍정하고 세상을 사랑하는 방법을 알려 준 그녀는 성수대교와 함께 영원히 수장되고 말았다. 성장과 효율이라는 두 바퀴로 숨 가쁘게 달려온 세상은 불합리와 부조리라는 배를 허옇게 드러낸 채 엎어졌다. 무고한 생명을 앗아간 재앙은 사회가 저지른 폭력이었다.

자본주의의 욕망과 은밀한 폭력이 은희의 삶을 둘러싸고 있던 1994년은 저물었지만 삶은 아직도 제자리걸음이다. 누군가는 여전히 지하철이나 화장실의 몰카를 피하기 위해 온몸의 신경을 곤두세워야 하고, 또 다른 누군가는 공부 잘하는 '엄친아'에게 시도 때도 없이 비교당한다. 침몰하는 배 속에 갇힌 아이들을 구하지 못한 사회는 살아남은 모든 이들에게 지워지지 않는 트라우마를 남겼다. 보이지 않는 폭력에 노출된 불안한 '은희'들의 위태롭고 안쓰러운 날갯짓은 지금 이 순간에도 계속되고 있다.

아이의 자취방을 구하러 집을 나서는 발걸음이 한없이 무거웠다. ◆◇◆

중국

공항에서

억류당했다

〰〰〰〰〰 가족과 여행 중 공항에서 억류당한 일이 있다. 비행기 환승을 위해 중국 공항에서 입국 심사를 받다가 일어난 일이었다. 가족들은 모두 입국 심사대를 통과했는데 어찌 된 영문인지 나만 보내 주지 않았다. 중국 공안은 자기들끼리 눈짓을 주고받더니 무조건 대기하라고만 했다.

아무리 개방과 개혁을 했다고 해도 중국은 엄연히 공산주의 국가다. 삼엄하고 딱딱한 분위기에 나도 모르게 주눅 든 상태에서 입국 보류까지 당해 버리니 당황스러웠다. '이러다 공안에 넘겨지면 어떻게 되는 거지? 나만 이곳에 남아서 조사를 받아야 하나?' 상식이 통할 것 같지 않는 나라에서 겪을지도 모를 봉변을 생각하니 머릿속에는 저절로 소설 한 편이 펼쳐지기 시작했고, 공포감이 스멀스멀 올라왔다. 아이들과 남편도 영문을 몰라 당황스럽긴 마찬가지였다. 다행히 억류는 금방 풀렸고 이유 따위는 묻지도 않은 채 재빨리 검색대를 통과했다. 정확한 이유는 여전히 알 길이 없지만 중국 공항에서 존재를 거부당한 경험은 꽤 오랫동안 마음에 남았다. 나라와 나라 사이에서도 존재 증명은 필수였다. 하지만 사진 한 장에 기대어 나를 증명하는 것이 가능한 일일까?

여권 사진 외, 한두 페이지의 글로 존재를 증명해야 하는 경우도 있다. 입시와 취업을 위한 자소서 얘기다. 대학 입시를 위해, 취업을 위해, 학생들과 취준생들은 수십 장, 수백 장의 자소서를 쓰고 버리기를 반복한다. 동아리, 진로, 봉사 활동 등 별것도 아닌 것에 거창한 의미를 부여하다 보면 자신이 한심하게 여겨지고 나 이외의 타인들은 모두 대단해 보인다. 포장을 잘해야 수많은 경쟁자를 제치고 선택받을 수 있다는 압박감에 아이들은 알게 모르게 상처 받는다. 하지만 어쩔 수 없이 거쳐야 하는 통과 의례임을 알기에 '자소설'이라는 푸념을 하면서도 책상 앞에 앉을 수밖에 없다.

밥을 벌기 위해 어른들이 써야 하는 이력서도 다르지 않다. 둥글고 모나지 않은 인성을 갖춘 예의 바른 사람이자 최고의 능력자임을 은근하게 어필해야 한다. 노동력을 팔아야 하는 시장에서 상품 가치를 높이기 위한 포장은 필수다. 하지만 그 포장이 너무 화려하거나 번쩍거리면 또 안 된다. 드러내기와 감추기의 아슬아슬한 경계에서 묘기를 부려야 한다. 그래서 이력서나 프로필을 쓸 때면 늘 마음이 편치 않다.

첫 책을 출간하며 출판사로부터 작가 프로필 요청을 받았다. 책상에 앉은 후 제법 많은 시간이 흘렀지만 A4 용지 한 장에서 두 장 정도의 짧은 글이 쉽게 떠오르지 않았다. 생판 모르는 타인의 얘기를 쓰라는 것도 아니고 누구보다 잘 알고 있는 자기 얘기를 쓰라는 건데 왜 그 한 줄이 그렇게도 쓰기 힘든 걸까?

아마도 뜬금없는 "너는 누구냐?" 하는 질문에 강제로 대답해야 하는 상황이 영 마뜩잖아일 것이다. 몇 줄로 요약되는 삶이 가볍고 초라하게 느껴져서이기도 하다. 과정은 생략된 채 글자로만 남은 이력에 한없이 작아지고 주눅이 든다. 오기도 생긴다. 몇 줄의 문장으로 나라는 사람 전체를 대변할 수 없다는 생각, 나만이 가진 고유한 빛깔이 간략한 프로필로 요약될 수 없다는 억울함이 이력서 쓰기를 주저하게 한다.

삶이란 어쩌면 필사적으로 '쓸모 있음'을 입증해야 하는 과정인지도 모른다. "우리 회사에 지원한 이유는 무엇인가요?" "회사를 위해 무엇을 할 수 있나요?" "우리 학교가 당신을 뽑아야 하는 이유를 설명해 보세요." 면접이라는 그럴듯한 단어로 포장하고 있지만 면접관의 질문 속에는 "너를 믿지 못하겠어. 그러니 어디 한번 네 쓸모를 스스로 증명해 봐."라는 서슬 퍼런 언어가 내장되어 있다. 만약 더듬거리거나 눈 밖에 난 행동이라도 했을 경우 한 사람의 정체성은 가차 없이 난도질당하고 존재는 폐기 처분된다.

학창 시절 불시에 당했던 소지품 검사 역시 학생다움에 대한 증명을 요구하는 폭력이었다. 화장품이나 담배, 라이터 등 학생의 품위를 손상(?)시키는 물품이 하나라도 발견되면 즉각 학생부로 넘겨져 위반의 이유, 즉 '학생다움'을 포기한 이유를 설명해야만 했다. 규정된 틀 속에 억지로 끼워 맞춰야 하는 모든 순간이 당혹스러웠다. 시인 정현종은, 사람이 온다는 건 실로 어마어마한 일이고, 한 사람의 일생이 오는 일이라고 했다. 하지만 오로지 회사에 득이 될 사람인지의 여부만을 판단의 잣대로 삼는 사회에서 그 사람의 존재를 온전히 설명하는 건 불가능에 가까운 일이 아닐까. 이 사회는 그 어려운 일을 꾸역꾸역 해내고 있었다.

책을 낸 저자가 되고 난 뒤 여기저기에 프로필을 내밀어야 하는 일이 생겼다. 온갖 학위와 자격증을 나열함으로써 존재를 증명하려고 애썼지만, 요즘은 있는 그대로의 나를 덤덤하게 표현하는 프로필에 더 마음에 간다. 강박적으로 나를 증명하는 일에서 어느 정도 자유로워진 덕분이다. 어차피 나란 사람을 종이 한 장에 담을 수 없다는 배짱이 생겨서인지도 모른다.

'○○ 대학에서 ○○을 전공한 뒤 ○○ 학위를 받은 사람'에서 '책이 빼곡한 서재에서 읽고 쓸 때 가장 행복한 사람' '주말에는 방구석 영화관에서 맥주 한 캔을 옆에 두고 영화 보는 사람'으로 내 프로필이 바뀌었다. 바뀐 프로필이 진짜 모습에 더 가깝다.

자소서로 고민하는 조카에게 "포장하려고 하지 말고 있는 그대로의 너를 표현해 봐. 자소설 대신 진짜 네 얘기를 써."라고 얘기해 주고 싶었다. 하지만 말은 입 밖으로 나오지 못한 채 허공을 맴돌다 사라졌다. 현실의 장벽 앞에서 진실은 언제나 무력하다. ◆◇◆

딸이 있다면

꿈 따위는

갖지 말라고 하세요

언제부터일까. 정규 방송보다 개인 유튜브를 즐겨 보는 구독자가 되었다. 취향에 맞게 골라 볼 수 있고 필요한 정보도 쉽고 빠르게 얻을 수 있다. 그래서인지 일반인, 유명인 가리지 않고 너도나도 채널 개설에 열을 올린다. 심지어 공영 방송에서도 앞다투어 유튜브에 공을 들이고 있는 형국이다.

식욕은 인간의 가장 기본적이고도 강력한 욕구인 만큼 먹방은 언제 봐도 질리지 않는다. 아무리 많이 먹어도 때가 되면 어김없이 배가 고파지는 게 인간이니까 말이다.

방송인 박지윤이 운영하는 유튜브의 주요 콘텐츠도 먹방이다. 살도 별로 안 쪘는데 먹는 것만큼은 누구에게도 뒤지지 않을 정도로 야무지게 먹는 그녀는, 맛집 정보를 알려 주고 직접 찾아가서 먹방을 선보이기도 한다. 이외에도 가족이나 지인들과의 소소한 일상이 프로 방송인 출신이 구사하는 여유 있는 진행에 힘입어 쏠쏠한 재미를 준다. 그래서 잊을 만하면 한 번씩 찾아보게 된다.

무슨 일이든 멀리서 바라보는 입장과 그 속으로 들어가서 직접 겪는 일은 하늘과 땅만큼의 차이가 있다. 유튜브 역시 구독자 입장에서는 보고 즐기면 그만이지만 운영자는 또 그게 아닌 모양이었다. 콘텐츠 관리만을 말하는 건 아니다. 구독자 수가 많다 보니 댓글도 수없이 달리는데, 문제는 불특정 다수가 구독하는 채널의 특성상 모든 댓글이 우호적일 수만은 없다는 거다. 그녀 역시 방송을 통해서 악성 댓글에 시달린다는 고백을 한 적이 있다. 자신을 직접적으로 겨냥한 말에 대해서는 웃어넘길 정도의 여유와 연륜을 갖췄지만 가족, 특히 아이들에 대한 악성 댓글은 도저히 참을 수 없었다고 한다.

그 중에서 특히 분통을 터트린 것은 '애는 누가 보나요?'라는 말이었다. 직업 특성상 지방이나 해외 출장이 잦을 수밖에 없다. 그런 그녀를 향한 '한창 엄마 손이 필요한 나이인데

애들이 불쌍해요.'라거나 '애는 누가 보나요?'라는 댓글은 도저히 사람 좋게 웃고 넘어갈 수만은 없었다. 즉시 악플러에게 어울리는 답을 했다 '혹시 딸이 있다면 꿈은 절대 갖지 말라고 하세요! 왜냐하면 애를 봐야 하니까요!'

그녀는 역시 고수였다. 얼굴 한번 붉히지 않고, 날것 그대로의 비방의 말을 사용하지 않고도 상대를 향해 정확히 조준한 언어를 제대로 쏘아 올렸다. 뭐라고 반박할 수 있을까? '저는 딸이 없어요.'라고 하면 타인에 대한 배려가 전무한 자기중심적이고 이기적인 인간임을 실토하는 것이 될 것이고, 만약 딸을 키우고 있다면 자기가 한 말을 다시 주워 담아야 할 것이다.

자신에게는 한없이 너그러우면서 남에게는 초정밀 현미경을 들이대는 마음은 얼마나 한심한가. 타인과 세상에 대해 엄격한 잣대를 들이대는 사람은 안목이 특별해서도, 남들보다 잘나서도 아니다. 오히려 가진 게 없거나 가난해서 그렇다. 내면이 공허하고, 경험치가 적고, 처지가 궁핍해서 그렇다. 결국은 결핍 때문이다. 만약 박지윤씨가 여자가 아니라 남자였더라도 이런 말도 안 되는 댓글이 달렸을까? 남편과 똑같이 일하고, 아니, 프리랜서 선언 후 그녀의 수입이 훨씬 더 많으리라 추측됨에도 불구하고 육아는 언제나 엄마의 몫으로 분류된다.

워킹맘이라고 크게 다르지 않다. 일과 육아라는 2중의 짐을 떠안고 사는 워킹맘에 대한 배려는커녕 견고한 모성 신화로 무장한 사회는 '육아=여성'이라는 프레임에서 한 치도 벗어나지 못하고 있다. 아이를 맡길 데가 없어서 아침마다 전쟁을 치르고, 혹여 아프기라도 하면 몸은 사무실에 있지만 마음은 집을 향한 채 이러지도 저러지도 못하며 죄책감만 쌓여 간다. 집을 벗어나는 순간 사소한(?) 가정사 따위는 선택적 기억상실증에라도 걸린 듯 몽땅 잊어버리는 남자들과는 상황이 완전히 다르다. 법적으로 보장된 육아 휴직이지만 직장에 따라서는 사직서를 쓸 각오 없이는 휴직이 힘든 것 또한 현실이다.

구성원들이 머리를 맞대고 사회 구조적인 문제에 대한 해결책을 모색하고 아이들의 돌봄 문제에 대해 고민하지 않은 채 영원히 여성의 몫으로만 한정 짓게 된다면 박지윤씨의 말대로 딸에게는 '꿈 따위는 갖지 말라'고 하는 게 백 번 옳다.

"여자라서 그래." "남자가 왜 그래?"라는 말들 속에는 생물학적인 특성으로 그 사람의 한계를 정하는 폭력적인 시선이 담겨 있다. 어떤 사람의 태도와 행동, 사고나 가치관이 그 사람 고유의 판단과 결정에 의한 것이 아니라 생물학적인 특성으로 간단하게 치부될 때, 존재는 외로워진다.

작가 조남주의 『82년생 김지영』이 신드롬을 일으킨 것은, 21세기 하고도 20년이 더 지난 오늘의 대한민국에서도 여자로 살아간다는 것이 여전히 녹록지 않은 일임을 보여주는 하나의 방증이다.

엄마는 자주 이런 말을 했다. "만약 다음 세상에 태어난다면 나는 꼭 남자로 태어나고 싶다."고. 어렸을 때는 그 말의 의미를 이해할 수 없었다. 이미 여자로 태어난 이상 그저 익숙한 여자가 좋다고만 생각했다. 가장의 무게가 힘겨워 보였고 약육강식의 세계에서 살아남아야 하는 절박함 또한 남자들이 지고 가야 할 짐이라 여겼다. 여성이 감당하기에는 힘에 부친다고 생각했다.

하지만 나이가 들고 '진짜 여자'로서의 삶을 시작하면서 엄마의 말이 비로소 이해되었다. 여자라는 한계와 편견 속에 갇혀 삶의 영역은 한없이 좁아지지만, 그렇다고 해서 져야 할 책임의 무게가 가벼워지지는 않는다. 타고난 능력은 애초에 싹이 잘려 나가고 한 집안의 며느리나 엄마로서의 삶만으로 만족해야 한다. 자식에게 누누이 당부할 정도로 평생의 한이 되었지만 살아생전 엄마의 한은 풀 수 있는 방법이 없었다. "너희들은 나처럼 살지 마라." 하며 입버릇처럼 말씀 하셨지만 엄마의 딸들 역시 크게 다르지 않은 삶을 살고 있다.

잘나가는 여성 방송인조차 '여자라서' 받는 오해와 편견에서 자유로울 수 없는 현실이 보여 주듯, 대한민국에서 여자로 살아가기 힘들다는 푸념을 하는 것은 내가 유별나서만은 아니다. 앞으로 아이들이 살아가야 하는 세상이 적어도 이래서는 안 된다는 자각 때문이다.

젠더 감수성이 한없이 무딘 사회에서 편견과 배제의 화살이 자칫 내 가족을 향할 수 있음을 너무 자주 잊고 사는 건 아닐까. ◆◇◆

결국

사과를

받아냈다

◇◇◇◇◇◇◇◇◇◇   직장 생활을 할 때 일보다 더 어려운 것은 '관계'
다. 일은 시간이 지나고 경력이 쌓이면 점차 익숙해지고 자
신감이 생긴다. 반면에 관계는 좀 다르다. 아무리 노력해도
안 될 때가 있고 뜻하지 않은 일로 갑작스럽게 사이가 틀어
지기도 한다. 무엇보다 한번 멀어진 관계는 회복이 어렵다.
관계의 매듭이 꼬일 때마다 미로 속에 혼자 남겨진 듯한 암
담한 기분이 들었다.

직장 생활 초기에는 대부분 참았다. 불의를 봐도 참았고 불
의가 나를 향하고 있을 때조차도 그냥 넘어가곤 했다. '사회
생활이 으레 그러려니' 하고 받아들였고, 일일이 시시비비를
가릴 여유도 없었다. 뒷감당이 무섭기도 했다. 혼자 구석에서

눈물 바람을 하다 말았다. 차곡차곡 쌓인 분노는 호시탐탐 기회를 엿보다가 한꺼번에 터져 나왔고, 봇물 터지듯 터져 버린 분노는 일관성도 방향성도 없었다. 표정 관리도 제대로 하지 못한 채 날것 그대로의 감정을 쏟아 내고 나면 자괴감이 들었다. 분노 게이지가 연일 적신호를 울려 댔지만 마음의 소리에 귀 기울일 여유가 없었다. 어설픈 신입이 감내해야 할 당연한 고통으로 여겼다.

시간이 흘러 직장에서의 경력이 쌓이고 개인적으로는 책을 낸 저자가 되었다. 어느 날 상사가 업무 분장과 관련해서 의견을 무시하는 듯한 발언을 했다. 불쾌했다. 악의가 있었다고는 생각하지 않는다. 하지만 무척 기분이 상해서 당장이라도 달려가 따지고 싶은 마음이 들었다. 하지만 그 순간, 감정이 격해지면 호흡이 빨라지고 가슴이 두근거리며 바보처럼 말까지 더듬는 내 모습이 떠올랐다. 괜히 어설프게 대들다가는 역으로 당하기 십상이었다. 참는 게 능사였다.

하지만 무언가에 끌리듯 나도 모르게 컴퓨터 앞에 앉았다. 상황을 조목조목 설명한 뒤 내가 느낀 기분과 참담한 심정을 글에 담았다. 말 한마디가 상대방에게 어떤 상처를 주는지 최대한 담담하게, 비유와 상징을 섞어 품위 있게 썼다. 감정을 배제한 채 철저히 팩트에만 의지했다. 학창 시절 국어 시간에 배웠던 건조체가 힘을 발휘하는 순간이었다. 쓰다 보니 상황 정리가 되었고 터질 것 같은 감정의 활화산도 어느새 잦아들었다.

숨을 크게 한 번 들이마신 뒤 마음이 바뀌기 전에 얼른 전송 버튼을 눌렀다. 곧이어 상대가 메시지를 확인했다는 알람이 떴다. 가슴이 두근거렸다. 엎질러진 물이었고 재수 없을 경우 두고두고 골칫거리가 될 수도 있는 일이었다. 하지만 걱정과 달리 그 사람은 자리로 직접 찾아와서 미안하다고 바로 사과를 했다. 반응이 너무 빨리 와서 살짝 당황했지만 짐짓 화가 안 풀린 척, 마지못해 사과를 받아들이는 척 호기롭게 대응했다.

상대가 잘못했을 때는 화를 내기보다 미안하게 만드는 편이 낫다. 화를 내고 다그치면 상대는 더 이상 미안해하지 않는다. 상대방의 화를 받아 줬기 때문에 자신의 잘못은 상쇄되었다고 느끼기 때문이다. 이때 글이 말보다 효과적이다. 서운한 감정을 말로만 표현했다면 결코 얻을 수 없는 수확이었다. 그 일로 상사와 사이가 나빠지지도 않았을 뿐더러 직장생활은 한결 편해졌다. '저 사람은 글 좀 쓰는 사람이야'라는 각인이 되었는지 더 이상 시비 거는 일이 없어졌다.

"잘 기억이 나지 않습니다." 어디서 많이 듣던 말이다. 권력층의 비리가 드러날 때마다 입이라도 맞춘 듯 신문 1면을 장식하는 단골 멘트다. 말로 했을 경우 '내가 언제 그랬어?' '기억이 안 나는데…' 하고 발뺌을 하면 도리가 없다. 답답한 마음에 혈압만 상승한다. 우겨 봤자 오히려 사나운 꼴을 당하기 십상이다. 상대의 말과 행동을 꼼꼼하게 기록하고 사과까지 문자로 받아 두면 부정할 수 없는 진실이 된다. 빼도 박도 못하는 사실 앞에서는 바로 꼬리를 내리는 게 현명한 처사임을 상대도 알기 때문이다.

말은 감정적으로 흐르기 쉬운 반면 글을 통해서라면 감정을 어느 정도 배제하고 객관적인 시각으로 재해석 할 수 있다. 글로 의사를 전달할 경우 얻을 수 있는 또 하나의 수확이다.

힘 있고 권력 있는 사람만 글을 쓰는 것이 아니다. 강원국 작가는 "오히려 힘없고 빽 없는 사람일수록 글을 써야 한다."고 말했다. 자기 목소리를 낼 수 있는 통로 하나쯤은 확보하고 있어야 한다는 말이다. 목소리를 가질 수 없는 사람은 외부에 휘둘리고 중심을 잃어버린다. 그리고 고통은 온전히 자신의 몫으로 남는다.

세종 대왕이 한글을 만들고자 했을 때 지배 계층인 양반들의 반대가 극심했다. 피지배 계층이 문자를 알게 되면 어떤 일이 일어나는지 영악한 그들은 누구보다 잘 알고 있었기 때문이다.

상사와의 갈등을 큰 불화 없이 해결할 수 있었던 것은 내가 가진 작은 무기, 글의 힘 덕분이었다. 특별히 가진 것이 없을 때 내세울 수 있는, 치사하지만 한국 사회에서는 여전히 잘 통하는 나이에서도 밀린 내가 택할 수 있는 선택지는 많지 않았다. 그저 못 들은 척 참거나 아니면 대놓고 불만을 표시하는 서툰 방법뿐이었다. 두 가지 모두 슬기로운 방법은 아니다. 다행히 글의 힘을 믿었던 덕분에 답답한 심정을 풀어놓을 수 있었고, 상대의 잘못도 깨닫게 해 주는 일석이조의 효과를 얻었다.

시대가 바뀌었다. 글을 쓰거나, 책을 내는 것이 특별한 사람의 전유물이었던 시대는 지났다. 콘텐츠만 있으면 누구라도 책을 낼 수 있고, 독립 출판을 통해 저자가 되는 길도 점점 넓어지고 있다. 국민 모두가 내 목소리를 낼 수 있는 사회가 된다면 지금보다 조금 더 나은 삶을 살 수 있지 않을까? 별것 아닌 것처럼 보일지라도, 알고 보면 도움이 되는 게 바로 '글'이라는 마법이다. ◆◇◆

여유에 대하여

마흔이면,
우아한 인생을
시작할 줄 알았다

우리는 나이가 들면서 변하는 게 아니다.

보다 자기다워지는 것이다.

린 홀

짬뽕 한 그릇

먹으러 가는

시간

◇◇◇◇◇◇◇◇◇◇ 학창 시절, 엄마한테 야단을 맞고 혼자 집을 나섰던 어느 날이었다. 정처 없이 걷다가 불현듯 어디론가 떠나고 싶다는 생각이 들었다. 아는 사람이 있는 곳으로는 가고 싶지 않았다. 하지만 마땅히 갈 곳이 없었기에, 무작정 버스에 올랐다. 차창에 머리를 기대고 창밖을 바라보며 한참을 달렸다.

어느 순간 낯선 풍경들이 눈에 들어왔다. 논밭이 보이고 사람의 모습이 뜸해졌다. 시내를 벗어난 듯했다. 승객도 몇 명 남아 있지 않았다. 한적한 시골길을 한참 더 달린 후에야 버스는 종점에 도착했다. "학생 내려, 종점이야!" 기사 아저씨의 굵고 투박한 목소리에 화들짝 놀라 버스에서 내렸다. 생전 처음 보는 낯선 곳이었다. 사위는 이미 어두워지기 시작했다. 덜컥 겁이 나 내렸던 그 자리에서 다시 버스를 타고 집으로 돌아왔다. 아무것도 모르는 엄마는 왜 이렇게 늦었냐며 또 야단을 쳤다. 나 홀로 일탈이었다. 이상하게도 엄마의 화난 목소리가 더 이상 기분이 나쁘지 않았다.

대학을 졸업하고 시작된 방황은 생각보다 오래 이어졌다. 성적이라는 유일하고 단순하기 짝이 없는 잣대로 선택한 전공은 스스로를 부적응자로 낙인찍기에 이르게 할 정도로 흥미가 바닥을 쳤다. 세상은 온통 벽이었고, 그 무수한 벽 앞에서 나는 번번이 좌절하고 있었다. 애초에 쓰레기통에 깊이 처박아 버린 전공을 대신해 새로운 진로를 모색해야 했다. 말처럼 쉬운 일이 아니었음은 물론이다. 자존감은 바닥을 쳤고, '쓸모없음'을 공식적으로 확인받는 매 순간이 고통스러웠다.

바다가 보고 싶었다. 우울하거나 힘들 때 하필 바다가 떠오르는 건 왜일까. 대자연이라는 근원에 기대고 싶은 오랜 진화의 산물일까? 곧장 버스를 타고 역으로 가서 부산행 열차표를 끊었다. 역은 번잡하고 시끄러웠다. 열차에서 내린 사람들은 저마다 행선지를 향해 바삐 걸어갔다. 열차 안에서 만난 사람들은 열차가 떠남으로 인해 더 이상 만날 수 없는 인연이 된다. 당장은 조금 쓸쓸하지만 그 쓸쓸함이 스며드는 기분이 묘하게 나쁘지 않았다. 여행은 왠지 그래야만 할 것도 같았다. 그때 도착한 곳은 광안리였다.

이십 대 중반의 여자가 홀로 바닷가에 서 있었다. 이른 봄이라 날씨가 제법 쌀쌀했다. 트렌치코트는 추웠고 마음은 그보다 조금 더 추웠다. 얇은 코트로는 몸과 마음의 추위를 가릴 수 없었다.

부산까지 내려갔음에도 그날 한 일이라곤 바닷가에 도착해서 하염없이 서 있다가 다시 돌아온 것이었다. 하지만 어둑어둑한 창밖으로 보이는 불빛을 바라보며 어쩌면 새로 시작할 수 있을지도 모르겠다는 막연한 생각이 들었다. 이후 대학원 입학을 준비했다. 전공을 바꿔서 지원했고 지금껏 바꾼 전공으로 밥벌이를 하고 있다. 경부선 종점까지 내려갔다 다시 돌아온 단순하고 의미 없는 행위였지만 나는 조금 달라져 있었다.

그 후로도 마음이 낙엽처럼 바스락거릴 때면 무작정 버스에 올랐다. 목적지도 없고 동반자도 없었다. 종점까지 갔다가 다시 돌아오는 무의미한 행위의 반복일 뿐이었다. 그저 끝까지 갔다가 다시 돌아오는 게 나름 목표라면 목표였다. 풍경도, 정류소마다 타고 내리는 사람들도 바뀌었다. 슬라이드처럼 지나가는 풍경과 사람들이 묻히고 온 거리의 냄새를 맡으며 묘한 안도감이 들었다.

종점에 도착하면 허름한 식당에서 라면을 먹거나 주변을 어슬렁거리는 게 고작이었지만 얽히고설킨 마음의 실타래가 조금씩 제자리를 찾아가는 듯했다. 돌아오는 길에는 창문에 머리를 부딪치며 졸았다. 눈을 떠 보면 어느새 출발했던 자리에 나를 부려 놓은 버스는 매연을 내뿜는 뒤태를 남긴 채 모퉁이를 돌아 사라지곤 했다.

아무에게도 이 종점 여행을 말하지 않았다. '이렇게라도 해야 마음이 풀릴 것 같아서'라는 말을 했을 때, 마음의 온도와 질감의 미세한 결을 헤아려 줄 사람은 없을 것 같았다. 시인 이병률의 「여전히 남아 있는 야생의 습관」을 읽으며 젊은 날 종점행 버스를 탔던 내 마음을 비로소 이해받았다.

시인은 가끔 시간을 내어 버스를 타고 시흥이나 의정부 같이 먼 곳으로 가는 시간을 미뤄서는 안 된다고 했다. 그곳에서 먹는 짬뽕 한 그릇은 단순한 음식이 아니라 온전히 자신에게 몰입하고 자신을 타이르는 시간이기 때문이다.

심장이 더운 열기로 화끈거릴 때, 마음이 한없이 쪼그라들어 사라질 것만 같을 때, 참담함으로 가슴이 무너져 내릴 때

마다 나는 종점행 버스에 몸을 실었다. 기어코 길을 나선 후에
라야 아무것도 아닌 시간 속으로 나를 밀어 넣을 수 있었다.

　삶은 날마다 종점행을 결심할 정도로 녹록지 않지만 어느
날부턴가 더 이상 종점으로 가기 위한 버스를 타지 않게 되
었다. 목적 없는 행위에 시간을 낭비(?)할 만한 용기도, 낭만
도 존재하지 않는 지극히 현실적인 도시인의 삶을 살고부터
였다. 잘못 끼워진 단추는 다시 맞추기 힘들다. 여전히 하고
싶은 일과 해야 할 일 사이에서 갈피를 잡지 못한 채 어정쩡
한 삶의 경계에 서 있다.

　주말에 '시흥이나 의정부 같은 곳'에 다녀올까 한다. 짬뽕
한 그릇 시켜놓고 조용히 나를 타이르고 오련다. 무의미의
시간이 지금의 나를 만들었다고 믿기에. 다시 무의미의 축제
속에 발을 담그는 소심한 일탈을 꿈꾸는 사이, 어느덧 날이
밝았다. ◆◇◆

혼자의

품격

⬤

◇◇◇◇◇◇◇◇◇◇ 나이를 조금 더 먹은 A가 아직 젊은 B에게 물었다. "자기는 왜 아직 결혼 못했어? 얼굴도 이쁘고 성격도 좋은데 말이야." "네? 아… 전 혼자인 게 편하고 좋아요." 요즘 젊은 사람들이 듣기 싫어하는 말 Top 3에 들 법한 질문을 아무렇지 않게 하는 A와, 어디가 모자란 사람 취급을 받았지만 대놓고 불만을 터트릴 수 없어 난감한 B사이에서 무슨 말을 해야 할지 몰라 당황했다. 다행히 "요즘 결혼은 선택일 뿐이야. 촌스럽게 왜 그래?"라며 중재에 나선 C의 개입으로 상황은 종료되었다. A는 머쓱해 했고 B는 냉랭한 표정이었다. 누구도 웃지 않았다.

혼자라는 이유로 B를 결혼 시장의 실격자 취급한 것도 모자라 '얼굴도 이쁘고 성격도 좋은데'라는 사족까지 단 A는 한 번도 제대로 혼자였던 적이 없었던 건 아니었을까? 혼자인 사람에 대해 함부로 말하면 안 된다고 말해 주고 싶었다. 결국 사람은 혼자이고, 언제든 혼자될 수 있으며, 혼자여도 당당할 수 있다고 얘기하고 싶었다. 혼자 있으면 무조건 외롭다고 단정 짓는 사람은 고독에 직면하는 게 두려워 홀로됨을 회피한 사람일지도 모른다.

혼밥, 혼술, 혼행이라는 단어가 유행하기 전부터 이미 난 혼밥러이자 혼술러였고 혼행러였다. 혼자 식당 문을 열고 들어가 망설임 없이 음식을 주문했다. 어김없이 들려오는 "혼자 오셨어요?"라는 사장님의 질문에는 쿨하게 "네!"라고 대답한다. 그 후에는 주위의 시선을 개의치 않고 한 끼의 식사를 해치웠다. 다른 사람이 뭘 먹는지 신경 쓰지 않아도 되고 내가 먹고 싶은 것을 마음대로 먹을 수 있어 혼밥을 하는 시간은 꽤 행복하기까지 했다.

전시회나 공연장에서도 자주 혼자였다. 전시회에 동행이 있으면 그 사람에게 어느 정도 보조를 맞춰야 하니 신경이 쓰인다. 온전히 작품에 몰입할 수 없다. 사람마다 감정의 폭과 깊이가 다르고 마음에 닿는 결도 다르다. 동행이 있으면 상대를 배려하는 차원에서 감정의 여운이 마음에 채 안착하기도 전에 서둘러 다음 작품으로 이동해야 하는 불편한 상황이 생길 수 있다. 반면에 혼자는 모든 면에서 자유롭다. 한 작품 앞에서 오래 머물러도 괜찮고 갔던 길을 되돌아 다시 작품 앞에 서도 눈치 볼 일이 없다. 흔들리는 감정의 파동을 느끼고 즐기기 위해, 전시관 밖 낡은 벤치에서 오래오래 하늘을 올려다봐도 아무도 뭐라 하지 않는다.

오래전 처음 떠난 해외여행도 혼자였다. 혼자 떠난 이유는 절박함 때문이었다. 몸과 마음이 바싹 말라 부스러지기 일보 직전 억울함 반, 오기 반으로 떠난 여행지에서 나는 기필코 혼자를 고집했다. 직장과 가족, 아이들에게서 벗어나 사력을 다해 혼자 이고자 했던 시간이었다.

혼자 하는 여행이 처음이라는 데서 오는 긴장과 외로움은 시간이 지나면서 아무것도 아닌 것이 되었다. 그곳에서는 말하지 않아도 됐고, 누군가의 말에 애써 귀 기울일 필요도 없었다. 나침반과 지도와 시계는 의미를 상실한 지 오래였다. 흐린 하늘과 축축한 대기 속에서 샌드위치와 뜨거운 커피를 마시며 거닐었던 벨기에의 공원과, 나만의 리듬으로 갤러리를 오가며 느꼈던 홀가분함은 '자유'와 완벽한 동의어였다.

혼자라서 외롭지 않았다. 초라하지도 않았다. 오히려 그 시간 속에서 나 자신을 더 깊이 들여다볼 수 있었고 타인에 대해서도 함부로 판단하지 않게 되었다. 다양한 페르소나로 무장한 삶을 사느라 민낯을 잃어버릴 지경에서, 에너지를 재충전하고 다음 행보를 내디딜 수 있는 힘을 얻었다. 고슴도치처럼 온몸에 가시를 세웠던 나는 혼자 있는 시간을 통해 원래의 나로 복귀할 수 있었다.

혼자만의 시간을 잘 견디는 사람, 외로움의 시간을 즐길 줄 아는 사람이 타인과의 깊은 교감도 가능하다. 혼자 지내기 위해 '고독'을 선택하는 것이 아니라 누군가와 진정으로 '함께 하기 위한 고독'을 선택하기 때문이다. 타인과 소통하고 어울려 산다는 것은 고독한 삶과 상치되는 것이 아니다. 혼자라서 외로운 게 아니라 혼자 있지 못해서 외롭다. 고독이라는 터널을 끝까지 걷고 또 걸어 마침내 빠져나왔을 때, 비로소 혼자서도 외롭지 않고 혼자서도 괜찮은 세련된 고독자의 삶을 살 수 있다.

외로움의 시간을 견뎌 낸 후에라야 진정으로 자유로워질 수 있다. 북적이는 삶의 무대에서 잠시 빠져나와 자발적 고독을 선택하는 용기를 내 보는 건 어떨까. ◆◇◆

여유롭고 넉넉한

필름

카메라처럼

◇◇◇◇◇◇◇◇◇◇ 스물 넷, 필름 카메라 한 통으로 찍을 수 있는 사진의 숫자다. 디지털 카메라가 나오기 전에는 필름을 카메라에 넣은 후에라야 사진을 찍을 수 있었다. 카메라 덮개를 조심스럽게 열고 필름을 넣은 후 필름의 뒤꽁무니를 뽑아 원통의 감개에 건다. 자칫 필름이 제대로 감기지 않거나 빛이 들어가게 되면 허옇게 탈색한 사진만 남게 되는 경우가 생기기 때문에 신중해야 한다. 제대로 걸렸는지 확인한 다음 뚜껑을 덮으면 윙, 하고 자동으로 감기는 소리가 난다. 그제야 비로소 안심이 된다.

사진을 찍기 위한 세팅이 끝난 뒤에도 함부로 셔터를 누를수 없다. 그 자리에서 바로 사진을 확인할 수 없고 잘못 찍혔다는 확신이 든 순간에도 다시 원점으로 되돌릴 수 없기 때문이다. 수정도 삭제도 안 된다는 얘기다. 그렇다고 무한정 찍기에는 필름값이 만만치 않다. 찍고 나서 인화하는데도 추가로 돈이 들어간다. 한 장 한 장이 소중한 만큼 셔터를 누를 때마다 심장 박동도 덩달아 뛴다.

시간이 지나야 먹을 수 있는 발효 음식처럼 필름 카메라 속의 사진도 인화의 과정을 거쳐야 비로소 손에 쥘 수 있다. 지난 삶의 시간이 응축된 필름은 얼마간의 시간이 더 흐른 후에야 비로소 스물네 개의 추억으로 돌아온다. 추억을 사진관에 맡기고 돌아오는 길은 그래서 얼마간 애틋하고 또 얼마간 다급하다. 필름 카메라는 셀렘이자 기다림의 또 다른 이름이었다.

부모님의 이사를 도우면서 박스 안에 보관되어 있던 옛날 사진을 무더기로 발견했다. 오래된 유적지에서 보물을 발굴한 기분이었다. 부모님의 젊은 시절 흑백 사진부터 내 어린 시절과 학창 시절이 낡은 박스 안에서 잠자고 있었다. 무표정하고 어색한 가족사진, 동물원에서 찍은 빛바랜 흑백 사진, 가을 설악을 배경으로 한 단체 사진 등 한 사람의 과거가 사진 속에 오롯이 살아 있었다.

박스 속에 차곡차곡 쌓인 사진의 부피가 늘어나는 동안 세월의 옷도 점차 무거워졌다. 착실히 부피를 늘려 가던 사진은 어느 순간에서 멈췄다. 디지털 카메라가 등장한 시점이었다. 그 이후의 나라는 사람의 역사는 컴퓨터 속에, 혹은 휴대폰 속에 파일의 형태로 바뀌어 보관 중이다.

필름 카메라가 서서히 자취를 감추면서 종이에 기록된 이야기도 사라졌다. 필름도 필요 없고 인화나 현상이라는 복잡한 절차도 필요치 않은 디지털 카메라는 참으로 편리했다. 마음에 들지 않으면 'Delete' 버튼만 누르면 끝이었다. 마음에 들 때까지 무한 반복해서 찍을 수도 있었다. 아쉬울 것도, 기다릴 필요도 없었다. 하지만 애틋함과 그리움도 함께 사라진 기분이었다.

한때 DSLR 카메라가 유행했었다. 사진에 문외한이었음에도 비싼 DSLR 카메라를 덜컥 장만했다. 고화질의 사진에 대한 기대와 디지털 카메라가 갖지 못하는 아우라가 탐난다는 이유에서였다. 하지만 심각한 기계치에다 멋진 사진에 대한 욕망이 사실은 그리 높지 않았는지, 카메라는 이내 천덕꾸러기로 전락하고 말았다.

디지털 방식에 이미 익숙해진 손과 머리가 꽤 섬세한 조작을 요하는 DSLR 카메라를 심리적으로 거부한 것도 이유 중 하나였다. 비싼 돈을 주고 산만큼 뽕(?)을 뽑아야 하는데 귀찮고 성가셔서 손이 가지 않았으니 죄책감이라는 반갑지 않은 손님까지 들인 격이었다. 결국 비싸게 구입한 카메라는 원래의 소임을 다하지 못한 채 장롱 한 구석에 고이 모셔진 신세가 되고 말았다.

최근 필름 카메라가 젊은 세대를 중심으로 다시 인기를 끌고 있다고 한다. 스마트폰이 따라 할 수 없는 독특한 감성, 특유의 낡고 따뜻한 느낌 때문에 필름 카메라는 젊은 세대가 스스로를 표현하는 하나의 수단으로 자리 잡았다.

손만 뻗으면 언제든 닿을 수 있는 스마트폰으로 고화질의 선명한 사진을 쉽게 얻을 수 있고, 찍은 사진은 블루투스로 바로 전송할 수 있는 편리한 카메라가 넘쳐나는 마당에 굳이 느리고 어려운 필름 카메라를 선택하는 이유는 무엇일까?

인상주의 화풍 속의 그림처럼 흐릿한 이미지로만 존재하는 현대인들에게 개별성은 점점 사라지고 있다. 저마다 건져 올린 인생샷으로 SNS를 화려하게 장식하기에 여념 없는 모습은 존재 증명을 위한 발버둥이다. 보정한 몸매는 모델이 부럽지 않고, 다양한 어플의 손길을 거친 미모는 여신이 와도 울고 갈 정도다. 휴대폰 속에서 웃고 있는 내 얼굴도 현실의 나와는 사뭇 다르다. 기분이 좋다가 이내 쓴웃음이 난다.

존재를 증명하기 위해 몸부림치는 세상에서 흐릿하고 낡은 필름 사진은 두드러지지 않음으로 인해 더욱 두드러진다. 피사체를 선명하고 또렷하게 재현하는 데 초점이 맞춰진 디지털 사진은 온기가 느껴지지 않지만, 흐릿한 감성이 느껴지는 필름 사진은 마음의 온도를 조금 높여준다.

세심하게 피사체를 정한 뒤 조심스럽게 셔터를 누르면 '찰칵' 하는 기분 좋은 소리가 마음을 울린다. 창으로 비스듬히 들어온 햇살 한 조각, 싱그러운 아이들의 미소, 향기로운 커피 한 잔이 필름에 담길 때 찍는 사람의 마음의 여유와 넉넉함도 함께 담긴다. 현실을 정확하게 재현한 사진보다 풍부한 감성이 담긴 사진이 마음에 조금 더 가깝게 닿는 때가 분명히 존재한다.

지나치게 선명하고 차가운 디지털 세상에서 흐릿한 필름 카메라로 바라보는 세상도 괜찮지 않을까. 일에 쫓겨 숨 막히게 달려야 할 때, 세상이 두렵고 무서울 때 필름 카메라에 눈을 맞추면 마음의 쉼표를 되찾을 수 있을지도 모른다.

인생도 필름 카메라와 비슷하다. 한번 지나간 시간은 리셋이 불가능하다. 수정이나 삭제도 할 수 없다. 셔터를 누르는

떨리는 순간처럼 삶의 한 순간 한 순간을 소중히 여기며 살아
가고 싶다.

영화 「8월의 크리스마스」에서 주차 단속원 다림은 단속 차
량을 찍은 필름을 맡기러 '초원사진관'으로 간다. 한여름의
산타처럼 불쑥 찾아온 사랑은 다림과 정원에게 행복한 여름
을 선물해 주었다. 필름 카메라로 찍은 흐릿한 사진 속에서
사랑을 간직한 채 떠난 정원이 환하게 웃고 있었다. ◆⟨◆

날마다 　　　　　　　　　　　　　　　　●

파두 카페로

출근한 여자

◇◇◇◇◇◇◇◇◇◇　여행을 떠나기 전의 리스본은 『리스본행 야간열차』의 도시였고, 『불안의 서』의 작가 페르난두 페소아Fernando Pessoa의 나라였다. 하지만 여행을 다녀온 후 리스본은 '파두Fado'의 도시로 자리 잡았다.

　늦은 밤 유튜브를 전전하다 낯선 이국의 음악에 매혹되었다. 「검은 돛배」라는 제목의 이 노래는 리스본의 대중음악인 파두라고 했다. 고기잡이를 나갔다가 영원히 돌아오지 못한 남편을 그리는 여인의 사무치는 마음을 담은 애절한 노래는 순식간에 가슴으로 파고들었고, 이내 왈칵 눈물이 쏟아졌다. 곧이어 출렁이는 바닷물을 바라보며 항구에서 눈물을 삼키는 여인과 검은 돛을 단 배의 슬픈 영상이 떠올랐다. 언젠가

리스본으로 날아가리라는 막연한 예감이 든 순간이었다.

예감은 현실이 되었고, 나는 포르투갈로 떠났다. 비현실적으로 아름다웠던 포르투와 달리 리스본은 어둡고 우울했다. 알록달록한 빨래가 바람에 아무렇게나 나부끼고 1901년에 만들어진 노선 그대로 운행하는 노란 트램이 도심의 언덕을 느릿느릿 달리는 곳, 빛바랜 건물과 비좁은 골목 사이를 무뚝뚝한 표정의 사람들이 오가는 리스본은 시간이 멈춘 도시였다.

스페인 여행을 마치고 도착한 리스본은 그래서 더욱 당혹스러웠다. 한겨울에도 뜨거운 태양이 내리쬐고 그 태양만큼이나 뜨거운 정열이 넘치는 스페인 안달루시아 지방과 국경을 맞대었음에도, 리스본은 스페인과는 많이 달랐다. 볼거리가 많은 것도 아니었고 관광지 마인드를 장착한 친절하고 세련된 도시도 아니었다. 그럼에도 불구하고 리스본을 떠나온 후에도 여전히 아쉬움과 그리움으로 남아 있는 건 왜일까?

미리 예약해둔 숙소에 도착해 짐을 풀고, 저녁 식사를 위해 근처를 기웃거리던 중 카페 하나가 눈에 들어왔다. 매니저로 보이는 잘생긴 중년의 신사가 다가왔다. 그는 친절한 미소로 카페 이곳저곳을 안내해 주었다. 겉에서 볼 때와는 달리 안쪽으로 꽤 넓은 홀이 있었다. 벽에 걸린 기타와 파두 공연으로 보이는 흑백의 사진이 눈을 사로잡았다. 여기서도 파두 공연을 볼 수 있냐고 물었다. 뜻밖에도 매일 밤 공연을 한다는 답이 돌아왔다. '간절히 원하면 이루어진다'는 뜬구름 같은 말에 희망 고문당하지 않겠노라 다짐하고 살았는데 그게 아니었나 보다. 굳이 멀리 갈 필요 없이도 바로 숙소 건너 카페에서 매일 밤 펼쳐지는 파두의 향연을 즐길 수 있게 되었다.

가슴이 뛰었다. 간단히 저녁을 먹고 서둘러 카페로 향했다. 중앙에서 조금 떨어진 곳에 자리를 잡은 뒤 달콤한 포르투 와인을 주문했다. 낯선 여행지에서 예기치 못한 우연은 뜻밖의 설렘을 준다. 달짝지근한 와인은 순식간에 긴장을 풀어주었고, 음악을 받아들일 수 있는 최적의 몸 상태를 만들어주었다. 마침내 불이 꺼지고 가수와 기타리스트가 등장했다. 유튜브로만 듣던 파두의 선율이 날것 그대로 생생하게 귓속으로 파고들었다.

포르투갈의 대중음악 파두는 '숙명'을 뜻하는 라틴어에서 유래한 말로, 바다를 숙명으로 받아들여야 했던 항구 도시의 서글픈 삶이 배어 있는 노래다. 파두의 기본 정서는 '사우다데saudade'이다. 사우다데는 가족을 두고 먼 바다로 떠나야 하는 안타까움, 다시 돌아올 수 있을까 하는 두려움, 남겨진 자의 그리움, 고향을 향한 사무치는 노스탤지어의 정서 등을 포함하는 말이라고 한다. 우리말로 바꾼다면 '한'이나 '그리움' 정도의 의미일까? 페르난두 페소아는 '사우다드의 느낌을 아는 사람은 포르투갈인 뿐'이라고 했다. 우리 민족만이 한의 정서를 이해하듯이 말이다. 그래서 파두를 모르고서는 포르투갈의 정서를 제대로 알기 힘들다고 한다.

바다의 노래 파두는 오랜 시간 성난 바다, 거친 바다가 삼킨 운명, 내 사랑을 데려간 바다를 숙명으로 삼은 포르투갈 사람들의 삶이자 영혼이었다. 시리도록 아름다운 인생 찬가였다. 리스본에서의 첫날 밤, 동양의 이방인은 포도주에 취하고 파두에 취해 오래도록 그곳에 앉아 있었다.

둘째 날은 파두가 시작된 알파마 지구를 찾았다. 1755년 리스본 대지진으로 대부분의 도시가 파괴되었지만 알파마 지구만은 살아남았다. 옛 모습을 그대로 간직하고 있는 이곳은 예전에는 테주강의 일꾼들과 선원들이 살던 가난한 동네였다고 한다. 이제 파두는 알파마의 일상이 되었고, 해가 지면 사람들을 불러 모으는 마술 피리가 되었다. 밤이 깊어지면 거리는 각양각색의 언어로 시끄러워진다. 하지만 골목에 울려 퍼지는 한밤의 파두는 거리의 사람을 하나로 모은다.

삼삼오오 모여든 사람들은 파두 카페에 자리를 잡고 간단한 음료나 식사를 주문한 뒤 옆 사람과 가볍게 대화를 나눈다. 말이 통하지 않아도 '음악'이라는 에스페란토어 덕분에 소통은 자연스럽다. 잠시 후 기타리스트와 가수가 등장하면 홀의 불이 꺼진다.

삼십 대로 보이는 여가수의 노래가 시작되었다. 인생으로 치자면 아직은 전반전일 텐데 생의 비밀을 모두 알아 버린 듯한 가수의 노래는 구슬프고 먹먹했다. 특히 아말리아 로드리게스Amalia Rodrigues의 「어두운 숙명」이 울려 퍼질 때는 애절함이 파도처럼 몰아쳤고, 꺾어지는 듯한 창법과 끓어오르는 한을 담은 목소리는 순식간에 영혼을 사로잡았다. 혈관을 흐르는 피처럼 스며들었다.

이제는 전설이 된 가수 아말리아 로드리게스는 '파두는 기쁨도 슬픔도 아닌 운명'이라고 했다. 아이의 웃음소리, 거친 파도 소리, 여인의 울음소리, 리스본에서는 모든 것이 파두였다. 알파마 거리가 파두 선율에 잠기던 둘째 날, 리스본의 밤거리는 눈부시게 아름다웠다.

셋째 날은 다시 숙소 앞 카페로 출근했다. 앞치마를 두르고 음식을 나르던 셰프가 가수로 분해 노래를 부르는가 하면, 미남 매니저까지 합세해서 파두를 불렀다. 어린아이부터 할

아버지에 이르기까지 리스본 사람들은 모두가 파두 가수였다. 파두가 생활이고, 예술이 일상인 삶이었다. 여행지에서의 낯선 경험은 여행자의 가슴에 잔잔한 파문을 던졌다.

어느새 친해진 매니저가 친절한 웃음으로 맞아 주었다. 포르투 와인을 홀짝이며 마지막 파두의 선율에 젖어 드는 순간 시간이 이대로 영원히 멈췄으면 좋겠다는 생각을 했다. 검은 파도처럼 왔다가 사라지는 파두의 선율은 영혼의 절규처럼 강렬했다.

때로는 기쁨보다 슬픔이 위안이 되기도 한다. 나는 매일 밤 파두 카페에서 슬픔이 주는 위안을 기꺼이 받아들였다. 고독하고 외롭고 잔혹한 세상에서 삶을 이어 갈 수밖에 없는 것이 인간의 숙명이라고 파두는 노래한다. 항구 뒷골목에서 시작된 파두는 어느덧 포르투갈의 정신이 되었다. 어쩌면 내게도 파두는 운명이었는지 모른다.

아침저녁으로 바람이 제법 차가워지면, 가슴에도 스산한 바람이 분다. 지금 내 옆에는 로드리게스의 「어두운 숙명」이 흐르고 있다. 이베리아반도의 끄트머리, 애절한 선율에 잠긴 항구의 뒷골목이 또다시 그리워지는 밤이다. ◆◇◆

아보카도 덮밥,

저도

좋아하는데요

◇◇◇◇◇◇◇◇◇◇ 아보카도가 딱 한 개 남았다. 아무리 살펴보아도 냉장고 속에는 아보카도 외에는 마땅한 먹거리가 없었다. 아이들이 좋아하는 아보카도 덮밥을 만들기로 했다.

잘 익은 아보카도 껍질을 벗기고 먹기 좋은 크기로 썬다. 그릇에 밥을 담은 뒤 썰어 놓은 아보카도를 보기 좋게 얹었다. 반찬이 궁할 때면 구원 투수로 등장하는 계란 프라이와 쫑쫑 썬 김치도 빠질 수 없다. 며칠 전 구입한 밥도둑 청어알로 데커레이션을 한 뒤 고소한 참기름 한 방울을 화룡점정으로 떨어뜨렸다. 제법 근사한 일품요리의 완성이었다.

남편과 두 아이들의 아침 식사였다. 아이들과 남편은 쩝쩝 소리를 내며 맛있게 한 그릇을 비웠다. 식구들을 보낸 뒤 마른 식빵으로 아침을 대신한 후 설거지통에서 빈 그릇을 씻는데, 괜히 서러웠다.

'아보카도 덮밥은 저도 좋아하는데요.' 언젠가 모 TV 프로그램의 PD가 유행시킨 철 지난 유행어가 말풍선처럼 떠올랐다. 딱 한 개뿐인 아보카도가 나한테까지 돌아올 여유는 없었다. 아이들이 "엄마 밥은?"이라고 물었을 때도, 남편이 "당신은 안 먹어?"라고 의례적인 멘트를 날릴 때도 "엄마는 나중에 먹을게. 어서 먹고 학교 가야지."라며 여유 있게 웃어넘겼는데 갑자기 뒷북치듯 올라오는 이 감정의 정체는 뭘까.

맛있는 반찬은 으레 남편과 아이들 몫이었고 밥이 모자라면 빵이나 라면으로 때우길 자처한 사람은 나였다. 대부분의 집안일도 당연히 내 몫이었고 희생해야 할 일이 생기면 응당 '엄마'인 내가 1순위였다. 지금껏 그렇게 살아왔지만 부당하다거나 속상하다는 생각은 해 보지 않았다. 가족을 위해 한 끼 밥 정도 양보하는 건 엄마로서 당연한 일이었고 아무렇지 않다고 생각했다. 누군가의 희생으로 편해지는 관계는 결코 바람직한 관계가 아닐 텐데, 정작 그 누군가가 나인 상황에서 가장 무심한 사람은 오히려 나 자신이었다. 24시간 대기조로 아이들과 남편의 시계에 맞추어 돌아가는 삶을 끝도 없이 반복했다.

여자라면 응당 집안일과 육아를 척척 해내야 한다는 기대 감이 있고, 조그마한 결함이라도 생기면 모두 엄마 탓으로 돌려지는 무한 책임에서 자유롭지 못하다. 불가능하고 모순 된 기대를 한몸에 받으며 모성이라는 타고난 능력을 죽을 때 까지 실현해야 한다.

회사 일은 언젠가 끝이 있게 마련이고 성과에 대해서는 합 당한 보상이 주어진다. 하지만 집안일은 애당초 끝이란 게 없다. 삼시 세끼를 먹어야 하는 삶은 죽을 때까지 계속될 것 이고, 달래고 얼러서 가까스로 잠을 재워 놓은 아이는 시간 이 지나면 반드시 일어난다. 겨우 일과를 마치고 아픈 어깨 를 주무르며 잠이 들어도, 다음날이면 어김없이 거실에 쌓이 는 먼지와 넘쳐 나는 빨래로 인해 다시금 가사 노동의 현장 속으로 발 빠르게 뛰어들어야 했다.

가끔씩 집안일을 '도와주는' 남편과 아이들은 마땅히 내가 할 일을 대신 해 주는 눈물 나게 고마운 존재이다. 어제도, 오 늘도, 그리고 내일도 계속 이어질 가사 노동은 시지프스의 천형처럼 영원히 반복되고 있었다. 가사와 육아는 오랜 시간 동안 여성의 일로 자리매김되었고 마치 천연자원처럼 무한

정 제공되는 무보수 단순노동으로 평가 절하되었다는 정아
은 작가의 말이 떠올랐다.

결혼 전에는 나도 손에 물 한 번 제대로 묻히지 않았다. 어
쩌다 된장찌개라도 끓일 때면 멸치를 몇 마리 넣느냐고 물었
던 딸이었다. 부엌 근처에 가면 큰일이 나는 줄 아는 아버지
와 가사에 무심한 딸과의 동거 속에서도 아무 일 없이 가정
이 잘 굴러갔던 것은 보이지 않는 엄마의 손 덕분이었다.

딸들의 성장사 속에는 엄마의 희생과 헌신의 역사가 자리
하고 있다. 여자의 희생을 당연시 여기는 문화 속에서 엄마
들은 희생양을 자처했고, 가족의 행복을 위해서라면 엄마의
욕망과 감정 따위는 중요치 않았다.

어릴 때부터 모성 신화로 세뇌당한 여자는 결혼과 동시에
혹은 엄마가 되는 순간 가정과 가족과 관련된 것 외에는 어
떠한 욕망도, 감정도 품어서는 안 되었다. 오직 남편과 자식
을 위한 것만이 의미이자 목적인 삶을 강요당했다. 가정이
잘 굴러가기 위해 존재하는 필수 부속품 같은 존재가 바로
엄마라는 자리였다. 결혼 전 집안일에서 제외되는 것을 당연
시했듯 결혼과 동시에 집안일이 내 몫이 되는 것 또한 자연
스러웠다.

엄마의 삶을 내면화한 나는 결혼 후 자동 인형처럼 끝도 없이 그 삶을 되풀이했다. 모성이라는 성스러운 역할에 조금이라도 흠집이 날 만한 일을 했을 경우 눈치를 보고 재빨리 꼬리를 내려야 하는 현실은 문제의식조차 느낄 수 없게 만들었다. 엄마가 아닌 개인의 행복을 추구할 경우 '엄마 자격이 없는 사람' '비정상적인 사람'으로 매도당하고 '엄마가 그래서는 안 된다'는 긴 훈계까지 들어야 했기 때문이다. 좋은 엄마, 좋은 아내가 되기 위해 온갖 잡일과 돌봄 노동을 짊어지느라 허리가 휘는 줄도 모르고 사는 동안, 내면 깊숙한 곳에서 고통과 절망의 싹이 조금씩 자라기 시작했다.

그날, 설거지를 하며 생각했다. 이쯤에서 그만 두어야겠다고. 내 딸이 결혼 후 자신의 희생을 당연지사로 여기지 않도록 하기 위해서. 그깟 밥 한 그릇이 대수가 아니었다. 혼자 서러워하며 원망하는 일도 더 이상 하지 않기로 했다.

남자가 생물학적인 남성이라는 이유만으로 가사 노동에서 소외되지 않도록 배려하고, 여성이라는 이유만으로 가사 노동을 당연한 의무로 받아들이지 않도록 혼자 짊어졌던 일상의 짐을 조금씩 나누기로 했다.

희생으로 점철된 엄마의 삶은 왜곡된 보상 심리를, 부모의 희생으로 기생하는 삶을 산 자녀는 죄책감을 안은 채 점점 없는 평행선을 달려야 한다. 하루 세 끼 밥상을 차려 내야 하는 천형과 가족을 돌봐야 하는 일상은 여전히 현재 진행형이지만, 좋은 엄마가 되겠다는 강박에서 이제는 자유로워지고 싶다. 더 이상 '괜찮은 척' '힘들지 않은 척' 하지 않고 '나'라는 수많은 정체성 중의 하나로 '엄마'를 받아들이기로 했다.

마트에 들러 잘 숙성된 아보카도를 골라 갓 지은 하얀 쌀밥에 얹어 근사한 밥상을 차려야겠다. 오로지 나를 위한 밥상을 말이다. ◆◇◆

상상력이 없는

삶은

황폐하다

◇◇◇◇◇◇◇◇◇ 더 이상 새로운 책이 들어갈 공간이 부족하게 되어 책장 정리를 시작했다. 잘 읽지 않는 책은 버리거나 뒤쪽으로 옮긴 뒤 확보된 공간에는 신간이나 자주 보는 책으로 다시 채웠다. 버려야 하는 책 중에는 아이들 책도 있었다. 어느새 그림책이 필요치 않은 나이로 훌쩍 커 버린 아이들이지만 책을 버리기가 아쉬워 정리할 때마다 미뤄 두곤 했다.

먼지를 뒤집어쓰고 작업을 하던 중, 맨 아래에 숨어 있던 『지각대장 존』이 눈에 들어왔다. 까만 학사모를 쓴 몸집이 거대한 선생님이 물에 흠뻑 젖은 아이를 혼내는 그림이 인상적인 책으로, 아이들이 무척 좋아했던 책이다. 정리를 잠시 미루고 거실 바닥에 자리를 잡아 천천히 책장을 넘겼다.

『지각대장 존』의 주인공 존 패트릭 노먼 맥헤너시는 학교에 갈 때마다 별의별 일을 다 겪는다. 악어가 책가방을 물어가기도 하고 사자에게 엉덩이를 물어뜯기거나 거대한 파도가 존을 덮치기도 한다. 지각을 한 이유를 설명하면 선생님은 존이 거짓말을 했다면서, 그 대가로 '악어가 나온다는 거짓말을 하지 않겠습니다'라는 반성문을 300번 쓰라는 벌을 내린다. 아무리 사정을 해도 "이 동네 하수구엔 악어가 살지 않아! 사자도 살지 않고, 거대한 파도도 없어! 한 번만 더 거짓말을 했다가는 회초리로 맞을 줄 알아라."라는 매정한 대답만 돌아간다. 보편적인 사실과 상식의 잣대로만 세상을 바라보는 선생님의 세계에서 존의 경험은 얼토당토않는 일이었고, 그때마다 선생님은 존에게 엄중한 벌을 내렸다.

아이들은 때로 황당무계한 거짓말을 한다. 어른들에게 인정받고 싶고 관심받으려는 마음에 거짓말을 하기도 하고, 아이다운 상상력에 호기심과 창의성이 더해져 기발한 거짓말이 탄생하기도 한다. 어른들은 아이들이 거짓말을 하면 당황스럽다. 나쁜 짓임을 알려주기 위해 곧바로 훈육에 들어간다. 지금 바로잡지 않으면 거짓말쟁이가 되고 나쁜 사람이 된다고 위협하며 엉뚱한 거짓말의 세계에 머무르는 것을 용납하지 않는다.

그림책 속 선생님도 마찬가지였다. 존의 황당무계한 말을 전혀 믿어 주지 않았고, 때마다 가혹한 벌을 내렸다. 하지만 아이의 마음속을 조금만 들여다보면 학교 가는 게 마냥 즐겁지만은 않음을 금방 알 수 있다. 연휴가 껴 있어서 학교를 며칠 쉬었거나 방학이 끝난 후 현관문을 나설 때, 시험 보는 날 불안한 마음을 안은 채 학교를 향하는 발걸음은 무거울 수밖에 없다. 중학생이었던 어느 날 학교가 너무 가기 싫어서 아프다고 거짓말을 하고 학교를 쉬었던 기억이 내게도 있다.

거짓말을 그냥 두고 보라는 말은 물론 아니다. 거짓말을 했다고 무조건 야단치기보다는 아이의 말을 신뢰하고 이해한다는 마음을 먼저 전달해 보면 어떨까. 눈에 보이는 뻔한 거짓말일지라도, 아이들의 상상력을 따라잡기 힘들지라도 부모가 먼저 동심을 받아 준다면 아이들의 무한한 상상력은 날개를 달고 비상할 것이다.

『지각대장 존』에서 중요한 것은 이야기의 사실 여부가 아니다. 아마도 악어와 사자와 거대한 파도는 학교 가기 싫은 마음에서 튀어나온 존의 거짓말일 것이다. 늦잠을 잔 존의 머릿속에는 '사자가 내 엉덩이를 물었으면 좋겠네. 거대한 파도에 휩쓸려 갔으면 좋겠어. 그래서 학교에 늦어도 야단을 맞지 않았으면 좋겠네.'라는 아이다운 기발한 생각이 하나둘 둥지를 틀기 시작했을 것이다.

어린 시절, 나는 나만의 잠들기 루틴이 있었다. 자리에 누워 낮에 읽었던 동화 속 세상을 상상하는 일이었다. 상상의 세계에서는 뭐든 가능했고 무엇이라도 될 수 있었다. 아무에게도 방해받지 않고 마음대로 상상할 수 있는 그 시간은 하루 중 가장 행복한 시간이었다. 누군가에게 해를 끼치지 않는다면 사소한 거짓말은 아이들에게 마음의 안식처가 되고 심리적 도피처가 된다. 상상의 나래를 마음껏 펼치는 환상의 시간과 현실에서 잠깐 벗어나서 쉴 수 있는 심리적 공간이 아이들에게도 필요하다. 그래서 아이들이 동화 속 이야기에 쉽게 빠져드는지도 모른다.

『지각대장 존』의 결말은 반전이 기다리고 있다. 이번에는 등굣길에 선생님이 고릴라에게 붙잡힌다. 선생님이 존을 향해, 커다란 털북숭이 고릴라에게 붙들려 천장에 매달려 있으니 빨리 좀 내려달라 외친다. 하지만 존은, 이 동네 천장에 커다란 털북숭이 고릴라 따위는 살지 않는다고 대꾸한다. 존의 사이다 발언에 속이 시원해지지만 씁쓸한 생각이 든다. 너무 빨리 어른의 세계로 편입해 버린 존에 대한 아쉬움 때문이다. 아무도 자신의 말을 믿어주지 않는다는 걸 깨닫게 된 아이는 더 이상 상상의 세계 속에 머무르려 하지 않을 것이다. 하고 싶은 얘기도 가슴에만 꼭꼭 묻어 둘 뿐 더 이상 꺼내놓지 않을 것이다. 존의 선생님처럼 눈에 보이지 않으면 믿지 않는 현실적이고 무미건조한 어른으로 성장할 것이다. 우리가 그랬듯이.

4차 산업이 시대의 화두로 떠오르고 있다. 과학 기술, 교육 등 4차 산업이 언급되지 않는 분야가 없을 정도로 여기저기서 갑론을박이 치열하다. 4차 산업 시대는 '초연결, 초지능 시대'일뿐 아니라 '상상력의 시대'이기도 하다. 인공지능이 흉내 내기 어려운 것 중 하나도 이것이다. 평생직장의 개념이 사라지는 미래 사회에서 지속적인 창직創職을 위해 필요한 것 역시 상상력과 창의력이다. 4차 산업 혁명 담론에서 과학 기술만이 아니라 독서와 상상력이 병기되어야 하는 이유다.

애플의 스마트폰이 잡스Steve Jobs의 상상력에서 탄생했듯이 혁신적인 기술이나 발명품도 상상력이 뒷받침되지 않으면 이루어지기 어렵다. 독서 인구가 날이 갈수록 줄어드는 우리의 현실은 상상력의 빈곤으로 이어지고, 상상력의 빈곤은 미래 사회의 경쟁력을 의심스럽게 한다. 기술 발달이 가져온 4차 산업 혁명은 아이러니하게도 '기술' 중심이 아니라 '사람'이 중심이 되는 사회다.

인문학자 조너선 갓셜_{Jonathan Gottschall}은 인간을 '호모픽투스 _{Homo Fictus}', 즉 이야기의 동물이라고 했다. 이야기는 우리 삶의 도구이자 생존의 필수 조건이다. 인간은 이야기라는 프리즘을 통해 세계를 바라보고 또 다른 인간을 이해한다. 이야기를 통해 타자에게 공감하고 타자를 통해 자신을 바라본다. 해리포터를 쓴 조앤 롤링_{Joan K. Rowling}은 세상을 바꾸는데 마법은 필요하지 않다고 했다. 우리 내면에 존재하는 더 나은 세상을 상상할 수 있는 힘, 이야기를 재구성하는 능력 때문이다. 하지만 여기저기서 문학의 부고가 들려오는 현실 속, 현대인들은 상상력을 잃어가고 있다. 상상력이 없는 삶은 황폐하다. 서사의 세계에서 멀어지면 다시 되돌아가기 쉽지 않다.

『지각대장 존』은 주인공 존 패트릭 노먼 맥헤너시가 학교에 가기 위해 다시 길을 나서며 끝난다. 상상력이 거세당한 채 메마른 현실을 향해 걸음을 옮기는 존의 느린 발자국 소리가 귓전을 울린다. ◆◇◆

'덕질'이라 쓰고

'열정'이라

읽는다

〰〰〰〰〰〰〰 정체감 혼란으로 꽤 심한 사춘기의 열병을 앓았다. 겉으로는 얌전한 모범생의 탈을 쓰고 있었지만 속은 갖가지 금기와 욕망의 틈바구니 속에서 위태로운 줄타기를 하고 있었다. 티가 나지 않을 정도의 성적은 유지하고 있었지만, 마음 깊은 곳은 소리 없는 전쟁을 치르느라 불안한 나날의 연속이었다.

십 대의 강을 힘겹게 건너고 있을 무렵 공허함을 채워 주고 불안을 잠재워 준 것은 영화였다. 공부하느라 밤을 새운적은 단 하루도 없었지만 유독 잠이 많은 내가 일 년 중 유일하게 밤을 새우는 날은 영화를 볼 때였다. 특히 명절이 되면 연달아 방송되는 영화 일정을 소화하느라 사나흘간 잠을 포기해야 했다. 이쪽저쪽 시간이 겹칠 경우 어느 채널을 선택해야 할지 고민하는 것에서부터 나의 명절 스케줄은 시작되었다. 연휴 내내 새벽까지 영화를 보고 나면 속수무책으로 열려 버린 감정의 파노라마 속에서 허우적대느라 결국은 밤을 꼬박 새우곤 했다. 그때 얼마나 많은 영화를 보았는지, 지금도 오래된 흑백 필름 속 주인공들의 이름까지 모두 기억하고 있을 정도이다.

앤서니 퀸_{Anthony Quinn}의 열연이 돋보였던 영화 「길」은 최근에도 다시 찾아 봤을 정도로 좋아하는 인생 영화다. 만취한 주인공 잠파노가 바닷가에 주저앉아 떠나간 연인 젤소미나를 그리며 속죄의 눈물을 흘리는 마지막 장면은 아직도 기억에 선하다. 소중한 존재가 떠난 후에야 비로소 자신이 혼자라는 사실을 깨닫는 순간이었다.

삶과 사랑 그리고 남자의 눈물, 사춘기 소녀가 이해하기에는 아득한 거리감이 있는 영화였지만 주인공이 흘린 눈물의 의미를 어렴풋이나마 이해했던 것일까? 회한의 눈물은 촉촉한 봄비처럼 사춘기 소녀의 가슴을 적셨다.

이 영화의 여파로 제법 예민한 감수성의 소유자였던 나는 먹먹한 가슴을 달래느라 한동안 공부와 담을 쌓고 지내야 하는 이유를 또 하나 추가하게 되었다. 좋아하는 배우가 나오

265

는 영화는 빠지지 않고 챙겨 보며 환상 속의 그대를 향한 짝사랑을 멈추지 않았다. 일명 '덕질'이었다.

덕질이란 어떤 분야를 열성적으로 좋아하여 그와 관련된 것을 모으거나 파고드는 일을 뜻하는 말이다. 지금 생각해 보니 덕후 반열에 당당히 이름을 올릴 수 있을 정도로 꽤나 열심히 덕질을 했다. 사랑하는 배우가 여러 명이었고 좋아하는 영화는 지금도 한 장면 한 장면이 또렷하게 기억날 정도로 머릿속 서랍에 차곡차곡 저장되어 있으니 말이다. 요즘처럼 가수나 배우들과 쉽게 접할 수 있는 환경이었다면 아마도 극성팬이 되어 콘서트장이나 시사회장을 쫓아다녔을 것이다.

하지만 불행인지 다행인지 당시에는 드러내 놓고 덕질을 할 수 있는 여건이 아니었다. 아무도 눈치 채지 못하게 혼자 조용히, 그렇지만 열정적으로 덕질을 계속할 수 있었던 이유다. 나이가 들어도 감수성의 날이 비교적 무뎌지지 않고 유지되고 있다면 학창 시절 덕질 덕분이라고 믿는다.

큰아이는 사춘기 때 아이돌 그룹 A에 빠져 지냈다. 이어폰을 낀 채 A의 음악에 몰두했고 앨범이 발매되면 즉시 사 모았다. 팬클럽 가입을 자청해서 내가 나서서 해 주었더니 지금까지도 아이는 그때 일을 고마워한다.

지금은 막내가 사춘기의 한복판을 지나고 있다. 막내는 제법 진지하게 덕질을 하는데, 그 대상은 또 다른 아이돌 그룹 B이다. B가 나오는 공연을 빠지지 않고 찾아다니고, 이미 구입한 앨범이 한정판으로 다시 나올 경우에도 잊지 않고 재구매한다. 어떤 때는 콘서트를 보기 위해 강원도까지 다녀오기도 했다. B 그룹은 아주 잠깐만 출연하는 합동 공연이었지만 먼 길도, 추위도 아이를 막지 못했다. 생일 선물로는 당당하게 B 그룹의 공연 티켓을 요구했다. 이쯤 되면 제법 진정한 덕후라 할 만하다.

조카는 음식 덕후다. 어렸을 때부터 먹는 걸 좋아하고 맛있는 음식을 찾아다니며 먹더니, 이제는 직접 요리까지 하기 시작했다. 아직 어린데도 손끝이 야무져 때로 제 엄마가 한음식보다 더 맛있게 해서 동생을 당황시켰다.

쉑쉑버거가 한국에 상륙했던 어느 해 여름, 동생은 조카가 소원하는 버거를 함께 먹기로 약속했다. 별생각 없이 한 약속이었지만 돌이킬 수 없는 실수였음을 깨달은 건 매장 앞에 당도한 직후였다. 매장 앞은 끝없이 긴 줄로 이미 장사진이었다. 그럼에도 "안 되겠다, 다른 데서 먹자."는 말이 조카에게 통하지 않았음은 물론이다.

하필 그날은 여름의 절정을 치닫고 있었던 날로, 엄청나게 무더운 날이었다. 뜨거운 햇빛에 속수무책으로 방치된 동생은 땀을 뻘뻘 흘리며 한 시간 넘게 긴 줄을 선 후에야 너덜너덜해진 몸을 추슬러서 겨우 매장으로 입성할 수 있었다. 하지만 매장 입성 후에도 기다림이 끝난 건 아니었다. 한참을 더 대기한 후에야 비로소 버거 맛을 볼 수 있었다. 더위에 정신이 혼미해진 동생과는 대조적으로 조카는 아주 맛있게 버거를 먹었다고 후일담을 전했다.

조카는 자기가 만든 과자나 빵이 조금이라도 마음에 들지 않으면 바로 쓰레기통으로 직행시킨다. 나중에 이 사실을 알게 된 빵순이 이모인 내가 펄펄 뛰면서 아까워했지만 마음에 들지 않는 음식은 누군가에게 나눠 주는 것조차도 용납이 안 되는 모양이었다. 이쯤 되면 음식에 대한 조카의 완벽주의는 도자기가 마음에 들지 않는다고 그 자리에서 박살 냈던 옛 장인에 버금간다. 이런 열정 덕분인지 조카의 덕질은 결국 업으로 연결될 가능성이 보인다. 소위 말하는 덕업일치다.

이미 오래전부터 덕질을 해 본 사람으로서 덕후 문화를 나쁘게 바라보지 않는다. 좋아하는 일에 흠뻑 빠져서 그 일과 관련한 시간과 노력을 바치는 덕질은 '열정'의 다른 이름이기도 하기 때문이다.

추운 겨울 강원도 평창으로 덕질 여행을 떠나거나, 연예인 꽁무니를 쫓아다니는 막내가 그다지 걱정스럽지 않은 건 이미 덕후의 삶을 살아 본 엄마의 넓은 아량 내지는 이해심일 수도 있다. 하지만 그보다 더 큰 것은, 덕질의 밑바탕에는 열정이라는 뜨거운 용광로도 함께 끓고 있다는 것을 알고 있기 때문이다.

막내가 하루빨리 현실 세계로 돌아와 주길 바라는 부모로서의 조바심이 없는 건 아니지만, 아이돌 그룹에 대한 막내의 무한 사랑이 언젠가는 자신의 삶에 대한 진지한 열정의 불씨로 탈바꿈하리라 믿으며 걱정을 내려놓기로 했다.

덕질을 장려하는 엉뚱하고 대책 없는 엄마지만 살다 보면 대책 없는 우연이 결정적인 필연을 낳기도 한다. 어차피 인생은 다음 장면을 알 수 없는 영화와 같다. 열정을 불태울 수 있는 일 한 가지쯤 가지는 것은 가뭄에 내리는 한 줄기 소나기처럼 마음의 갈증을 시원하게 달래 줄 것이다.

말이 나온 김에 나도 다시 한번 덕질의 세계로 빠져볼까?

◆◇◆

마흔은
청춘의 경계가 아니라
연결점이다

◇◇◇◇◇◇◇◇◇ 늘 한 발짝 느린 삶을 살았다. 남보다 뒤처진다
는 느낌에 불안했다. 수시로 무너져 내리는 삶과 덩달아 내
려앉는 마음을 지키고자 펜을 들었다. 마음이 곤궁해도 언어
조차 가난해지는 건 싫었다. 하지만 변변한 이정표 하나 없
이 망망대해를 헤매는 일은 두렵고 막막했다. 누구에게 물어
볼 수도 없고 내가 가고 있는 길이 맞는지 확신조차 할 수 없
었다. 쓴다고 해답을 얻는 것은 더더욱 아니었다.

그럼에도 불구하고 쓰는 일을 멈추고 싶지 않았다. 시간은
누구에게나 공평하게 주어지지 않는다는 사실과 초라하고
황폐한 마음의 풍경일지라도 나의 일부로 받아들여야 한다

는 것을 쓰면서 깨달았다. 결국 사람이 여행할 곳은 사람의 마음이었다. 내가 쓴 대부분의 글은 해답이 아니라 질문이고 타인의 도움이 없을 때 나를 지켜 준 무기였다.

아내의 신경질을 묵묵히 받아 준 남편과 글을 쓴답시고 예민해진 엄마 때문에 마음을 다쳤을지도 모를 아이들에게도 고마움을 전한다. 또 한 권의 책을 세상에 내보냄으로써 나는 나와의 약속을 지켰다. ◆><◆

마흔의 마음학
더 늦기 전에 깨달아야 할 것들

1판 1쇄 발행 2020년 6월 24일
1판 2쇄 발행 2020년 9월 25일

지은이 최영인
펴낸이 안종남

펴낸 곳 지식인하우스
출판등록 2011년 3월 31일 제 2011-000058호
주소 04035 서울시 마포구 양화로7길 55(서교동) 신양빌딩 201호
전화 02)6082-1070
팩스 02)6082-1035
전자우편 book@jsinbook.com
블로그 blog.naver.com/jsinbook
페이스북 facebook.com/jsinbook
인스타그램 @jsinbook

ISBN 979-11-90807-06-7 03180